Este/Oeste

La frontera dentro de Europa

Egidio Ivetic

# Este/Oeste

## La frontera dentro de Europa

**Alianza** editorial
El libro de bolsillo

Título original: *Est/Ovest. Il confine dentro l'Europa*
Traducción de Marco Aurelio Galmarini

Diseño de colección: Estrada Design
Diseño de cubierta: Manuel Estrada

PAPEL DE FIBRA
CERTIFICADA

© 2022 by Società editrice il Mulino, Bologna
© de la traducción: Marco Aurelio Galmarini Rodríguez, 2024
© Alianza Editorial, S. A., Madrid, 2024
    Calle Valentín Beato, 21
    28037 Madrid
    www.alianzaeditorial.es

ISBN: 978-84-1148-594-4
Depósito legal: M. 641-2024
Printed in Spain

Si quiere recibir información periódica sobre las novedades de Alianza Editorial, envíe un correo electrónico a la dirección: alianzaeditorial@anaya.es

# Índice

# Prólogo

Estamos viviendo en el corazón de Europa una dramática reaparición de la fractura entre su Este y su Oeste. Nadie habría imaginado hace diez años que la polarización entre Rusia –y más en general, Asia–, de un lado, y la Unión Europea y Estados Unidos del otro, se manifestaría a lo largo de la antigua falla, casi olvidada, que delimitaba las dos tradiciones históricas europeas: la latina occidental y la posbizantina. Llegado el caso, se apela a la historia que late detrás de la geopolítica. Pero ¿cómo determinar las fronteras entre Este y Oeste? ¿Qué es lo que está sucediendo?

Hay un Este, hay un Oeste y hay también una Europa del medio con regiones que son objeto de contienda entre diferentes Estados; así ocurrió en el pasado y así sigue ocurriendo en nuestros días. Es una franja que atraviesa el continente desde el Adriático y el Egeo hasta el Báltico, una larga falla en la que una y otra vez distintos Este y distintos Oeste se han disputado las recíprocas áreas de pertenencia en el continente.

En el presente, dos regiones siguen siendo problemáticas. La primera comprende los países cercanos a Rusia, otrora repúblicas de la Unión Soviética o satélites soviéticos, que se encuentran a uno y otro lado de la frontera de la Unión Europea y la OTAN. Se trata de una zona de contacto en la que Rusia ha establecido su límite occidental desde el siglo XVII hasta nuestros días, y es aquí donde Occidente busca su frontera definitiva.

La segunda región es la balcánica, con su multiplicidad de Estados y sus nudos nacionales, también en la encrucijada entre Este y Oeste.

En los casos de Yugoslavia y Ucrania hemos podido comprobar las dramáticas consecuencias de los acontecimientos sucedidos en estas dos problemáticas zonas. En el primero, la desintegración de un Estado en una guerra civil; en el segundo, la invasión de un Estado por motivos geopolíticos. Ambos Estados están situados sobre la falla entre Este y Oeste, y ambos son víctimas de su posición geográfica en medio de dinámicas de mayor enjundia.

Más allá de los hechos conocidos, más allá de la montaña de informaciones y análisis, nos hallamos ante un cambio histórico, ante el paso de una época a otra. Los procesos más profundos que atañen a Europa, y que tendemos a eliminar y a olvidar, requieren explicaciones y enfoques históricos, pues la exposición analítica resulta insuficiente. ¿Qué nos enseña la historia? Que las fronteras no son nítidas, que en un nuevo diseño político del mundo se las puede cuestionar y de esta manera justificar nuevas guerras. El conocimiento de las divisiones precedentes en el seno de Europa nos puede liberar de falsos mitos.

# 1. Europa y el Oriente de Europa

Dos hombres se enfrentan ante las cámaras de televisión. Es fácil reconocerlos, a uno por la camisa blanca y al otro por la larga barba. Nos hallamos en Ámsterdam en septiembre de 2019, en el Nexus Institute. En escena, el debate entre Bernard-Henry Lévy, representante del Occidente liberal, y Alexander Dugin, teórico de Rusia como civilización, ideólogo de la vía rusa. El tema es Occidente, su modelo, pero también Occidente *versus* Rusia, una verdad contra la otra: el nihilismo de Occidente (la supuesta decadencia moral del sistema liberal) contra el nihilismo de Oriente (el sacrificio de la democracia al poder oligárquico). Los enfoques son contrapuestos, del mismo modo que las motivaciones y los respectivos horizontes intelectuales. Revisemos el enfrentamiento: en el plano teórico, la discusión es débil, pues se reduce a fórmulas y pasajes previsibles; sin embargo, no se nos presenta como una excentricidad, sino como el testimonio del espíritu del siglo XXI.

En nuestros días, el pensamiento parece haberse reducido al reciclado y montaje de fragmentos de ideas e ideologías del pasado, según conveniencias absolutamente contingentes asociadas al cálculo circunstancial y oportunista, todo lo cual ha conducido al dramático resultado de que lo que ayer, en 2019, parecía una extravagancia exclusiva de discusiones intelectuales, hoy, en 2022, es el relato de quienes están recíprocamente en guerra. Nos hallamos ante los resultados de un recorrido retórico que no hemos sabido captar a fondo.

No es que en los años anteriores no haya habido señales premonitorias de que en esto vendríamos a parar. La retórica antioccidental ha marcado en la última década la Rusia de Vladímir Putin. Es una retórica elemental, basada en la contraposición nosotros/ellos, en la que no se presta la debida atención a las diferencias sustanciales, pues ambos lados comparten los mercados, las finanzas y el sistema económico, que es mundial (al fin y al cabo, es el sistema capitalista), para poner de relieve los aspectos simbólicos, las apelaciones a la historia y cualquier pretexto para marcar la diferencia (real o inventada) entre Occidente y no Occidente.

El nuevo relato nacional ruso tiene origen en el esfuerzo por superar el vacío de los años noventa, cuando Rusia, humillada y vendida a precio vil, padeció una dura terapia de adaptación al capitalismo. El relato combina el patriotismo ruso, la tradición de la Iglesia ortodoxa rusa y la grandeza y fuerza global de la Unión Soviética, con la tradición imperial y el papel de potencia mundial. Se ha vuelto a hablar, como a finales del siglo XIX, de un destino ruso en la historia del mundo, de una misión de Rusia.

# Europa

Las crisis mundiales y los cambios de época se dan en Europa. Así ocurrió en 1914 y en 1939, lo mismo que en 1789 y en 1989; y también ahora, en 2022. Aunque todo el mundo sabe qué es Europa, hay ciertas cuestiones que es preciso esclarecer.

*En primer lugar*, Europa no es uniforme. Más allá de los Estados y de las naciones, hay un conjunto de regiones geográficas e históricas, de amplias áreas subcontinentales. En las últimas décadas ha habido acuerdo, particularmente entre los historiadores, en que merece la pena hablar de grandes regiones europeas: Europa central, Europa occidental, Europa oriental, Escandinavia, Europa meridional o mediterránea y Europa sudoccidental o Balcanes[1].

No cabe duda de que, en lo que respecta a la realidad multirregional, el dualismo entre Este y Oeste en el seno de Europa es una simplificación. Este dualismo no se ha mantenido inmutable, sino que ha ido cambiando a lo largo de los diferentes períodos históricos. El Este y el Oeste se han movido a través de los espacios europeos durante siglos, y entre una parte y la otra ha habido siempre fronteras, zonas de transición, regiones de paso. Las fronteras son una parte singularmente sensible del ser de Europa. En efecto, son muchas más –algunas antiguas, por cierto, y otras más recientes– que en ningún otro continente, y constituyen una geografía por sí mismas. La obsesión por las fronteras

---

1. D. Mishkova y B. Trencsényi, eds., *European Regions and Boundaries. A Conceptual History*, Nueva York-Oxford, Berghahn Books, 2017; J. P. Arnason y N. J. Doyle, eds., *Domains and Divisions of European History*, Liverpool, Liverpool University Press, 2010.

Mapa. 1.   Europa entre Este y Oeste.

1. Europa y el Oriente de Europa

Límite UE

Este/Oeste histórico

Áreas de frontera
y crisis Este/Oeste

Balcanes occidentales

Helsinki

Tallin

Riga

Moscú

Vilna

Minsk

rsovia

Kiev

Chisináu

ODESA

Belgrado    Bucarest

Pristina    Sofía

Scopie    Tiflis

irana    Mar Negro

Erevány

Ankara

Atenas

Nicosia    Bagdad

Beirut    Damasco

15

nacionales ha sido uno de los males de Europa entre ambas guerras mundiales.

¿Cuál es hoy en día la gravitación de estas fronteras? Muy grande, habría que decir, pero no se tiene de ello la debida conciencia. Entre las consecuencias de la aparente ahistoricidad de nuestra época, caracterizada por la hipertrofia de la información y de la distracción, encontramos el olvido, el ocultamiento, que ha adoptado la forma de un fenómeno a la vez personal y colectivo. Se concibe el pasado de manera fragmentaria, por temas y curiosidades, sin cronología ni geografía (así se enseña incluso en las universidades más acreditadas), un lugar de la mera narración, de la evocación ocasional y selectiva. Es por eso que quedamos azorados cuando las seis Europas macrorregionales o las fronteras infraeuropeas o el Este/Oeste europeo, resurgen con toda su historicidad.

*En segundo lugar,* la idea secular y científica de Europa, con fronteras geográficas, solo se ha consolidado en el siglo XVIII, el de la Ilustración, y en lo sustancial es propia de la *Encyclopédie ou Dictionnaire raisonné des sciences, des arts et des métiers* (París, 1751-1772). Para entendernos, es la Europa que todos tenemos en mente y que corresponde al mapa geográfico en distintos colores que vemos en clase desde la escuela elemental, tanto en su versión física como en la política. Pero ese concepto y su representación han sido precedidos por una larga elaboración cultural y científica.

La territorialidad de Europa, su definición y la conciencia cultural de ser un continente son procesos que se desarrollan con los descubrimientos geográficos y la revolución espacial de finales del siglo XV, y se afianzan con la revolución científica y la definitiva secularización del conocimiento, entre los siglos XVII y XVIII.

Antes de este desarrollo cultural, Europa se entendía como una entidad territorial, por supuesto, pero también moral, pues en lo sustancial era la cristiandad, la tierra en la que únicamente vivían los cristianos, a diferencia de las otras regiones/continentes. En este marco, el del ser moral (Edad Media) y cada vez más territorial (Edad Moderna), la historia de Europa como idea, categoría y espacio, ha sido sobre todo la historia de sus regiones y de sus fronteras.

*En tercer lugar*, ¿qué fronteras? Al contemplar la forma articulada del continente europeo se intuye una amplia sección occidental, una inmensa llanura, a la que se opone una sección tentacular en Occidente, que se proyecta en el Atlántico y en el Mediterráneo con la península escandinava, la ibérica, la italiana y la balcánica, más las islas Britànicas y las mediterráneas.

Europa, aunque no lo parezca, es triangular. Tiene tres lados que se extienden a lo largo de los ejes Portugal-Cabo Norte, Cabo Norte-Cáucaso y Cáucaso-Portugal. Son, básicamente, un eje atlántico, uno occidental y uno mediterráneo. A lo largo de cada uno de estos tres ejes se ha desarrollado con el tiempo el límite de Europa tanto en espacio, en percepción de lo conocido/desconocido como en elaboración cultural.

La vertiente atlántica ha sido durante siglos un límite físico, el umbral de acceso a dimensiones desconocidas; ha sido el *finis Europae*, tan sugerente como para convertirse en la meta del camino de Santiago de Compostela. El descubrimiento de América transformó por completo las marginales costas atlánticas del continente y dio lugar a una nueva historia. Europa se vuelve mundial mediante el control del Atlántico, y en el curso de la historia, el Atlántico coincide con lo moderno y la modernidad.

La vertiente mediterránea nace en el Algarve, pasa por Gibraltar y llega al Bósforo, para ir luego más allá del mar Muerto hasta alcanzar el Cáucaso. Aquí Europa se encuentra con África y Asia desde los tiempos más remotos. El Mediterráneo es por sí mismo una categoría regional e histórica reconocible a escala mundial, pero es también una margen de Europa, el lugar de su historia antigua y medieval. Aquí los límites europeos han estado marcados por el choque de civilizaciones de acuerdo con dinámicas estrictamente mediterráneas, para las que el control de los litorales y del mar ha sido un factor determinante a lo largo de siglos. Es preciso aclarar de inmediato que finalmente Europa se ha impuesto a los otros dos continentes. Esto se advierte en la extensión de la Unión Europea: de Gibraltar y Ceuta y Melilla españolas hasta Lampedusa y luego hasta Chipre y las islas griegas situadas a pocos metros de las costas turcas. Todo el mar comprendido entre estos límites entra en la Unión Europea que, en la práctica, controla el 80% de la superficie marítima del Mediterráneo. Por esta razón el Mediterráneo es un «problema europeo».

La vertiente occidental de Europa, terrestre, a diferencia de la atlántica y la mediterránea, ha sido siempre una frontera cambiante. Para la Roma clásica, era un mundo oscuro allende el *limes* del Rin y el Danubio: Germania, las tierras hiperbóreas (Escandinavia) y la Escitia (las tierras allende los Cárpatos y el mar Negro). Lo desconocido se ubicaba en el Norte. Esta perspectiva cambia con la Europa de Carlomagno. La cristiandad, reunida en el Sacro Imperio romano, mira al Este, y en esa dirección se extiende por medio de enfrentamientos, colonizaciones y conversiones. De ello deriva la frontera móvil, que continúa desplazándose a Oriente, de la misma manera en que, en este proceso, evolucionan y se transforman las regiones situadas al este del Rin.

*En cuarto lugar*, la historia de Europa en la Edad Moderna y Contemporánea, a partir del siglo XVI y hasta nuestros días, es la historia de sus relaciones con el mundo que trasciende sus tres vertientes, una historia que ha contemplado la expansión de los conceptos de cristiandad y de Europa más allá del Atlántico, y no solo de Occidente hacia Oriente, sino en el interior del continente.

¿Hay coincidencia geográfica entre la Europa de Carlomagno y la Europa de la Comunidad Económica, la CEE de 1957? Sí la hay, y no es por casualidad. El territorio es aproximadamente el mismo en dos momentos alejados entre sí de la historia, pero ambos de índole fundacional. El núcleo carolingio ha constituido, a lo largo de los siglos, la cristiandad latina, aquella Europa más moral que geográfica a la que en diversos momentos se fueron agregando las diferentes regiones históricas europeas. El núcleo de los Estados fundadores de la CEE fue el contexto, hoy toda una referencia, a partir del cual se desarrolló la Unión Europea, el máximo objetivo histórico de integración política del continente. Al núcleo carolingio se agregaron, en el siglo XVIII, Rusia, y en el XIX, los Balcanes; o sea, el Este. Rusia es también Asia, mientras que los Balcanes, con su historia otomana, fueron durante siglos Turquía en Europa.

*En quinto lugar*, la diversidad entre la tradición católica latina y la ortodoxa bizantina en las dos partes del continente no han sido un problema, porque se esfumaron en la nebulosa de espacios extensos y accidentados. Únicamente en la era de las naciones y de las ideologías, en los dos últimos siglos, las nebulosas se convirtieron en grietas y las fallas en fracturas. La hostilidad con la Unión Soviética –así como la guerra y la prolongada posguerra en la Europa dividida– han dejado señales cuya importancia se ha subestimado y que no se ha sabido superar de un modo adecuado.

*En definitiva*, Europa quisiera ser un país, pero no es más que un continente marcado por Estados, regiones y estigmas de fracturas históricas. Es compleja y complicada, con 47 Estados grandes, medianos y pequeñísimos, con más de cuarenta lenguas y culturas nacionales, más de trescientas identidades regionales, diferentes tradiciones confesionales –católica, luterana, calvinista y ortodoxa–, distintas tradiciones religiosas (cristiana, judía e islámica). Todos estos son aspectos imprescindibles de su ser. Es cierto que en todos los continentes hay complejidad, pero aquí se la elabora a la manera europea, esto es, con guerras repetidas y repetidas definiciones de fronteras que no se observan en otros lugares del mundo.

## El Oriente de Europa

La parte occidental de Europa –la parte móvil, imprescindible para la autodefinición de la «europeidad»– tiene sus propias connotaciones. Es ante todo una denominación geográfica. Corresponde a la mitad occidental del continente que se halla al este de la línea Odesa-Gdansk. Al otro lado, el Este europeo es una inmensa llanura que se extiende hasta los Urales. La superficie del continente europeo, incluida su parte rusa hasta los Urales y el río Ural, es de 10 millones de km², algo superior a la de Canadá, China o Estados Unidos. La parte geográfica occidental –que abarca Rusia, Ucrania, Bielorrusia, Moldavia, Georgia, una parte de Kazajistán, a lo que puede añadirse Azerbaiyán y Armenia– ocupa 5 millones de km², exactamente la mitad. Por tanto, desde el punto de vista geográfico y respecto a su superficie, el Oeste y el Este europeos son equivalentes. Cada uno de ellos por sí mismo es algo menos extenso que Brasil y que Australia, como unas dos veces Argentina o tres veces Irán.

También está la Europa Occidental de los Estados en los que se mantiene viva la tradición cristiana ortodoxa, de origen bizantino. La religiosidad cristiana ortodoxa apela al Oriente por su propia naturaleza, y durante siglos se la ha vivido discretamente, sometida al poder político. Fue duramente perseguida por los regímenes comunistas, pero en los últimos años ha renacido y ha evocado tradiciones y valores que aspiran a distinguirse de Occidente. Esta Europa comprende Rusia, Bielorrusia, Ucrania, Moldavia, Rumania, Bulgaria, Serbia, Montenegro, Macedonia del Norte, Grecia, Chipre y, en parte, Bosnia y Herzegovina; Georgia tiene su propia tradición ortodoxa.

Finalmente, tenemos la Europa Occidental que no puede o no logra cancelar la historia asociada a los regímenes comunistas, ya sea en lo que respecta al espacio postsoviético (Rusia, Ucrania, Bielorrusia, Moldavia, Georgia, Armenia, Estonia, Letonia y Lituania), ya en lo relativo al antiguo Pacto de Varsovia, o sea el Este que hoy forma parte de la Unión Europea. En el caso de Polonia y Rumania, la aversión histórica de estos países hacia la Unión Soviética vuelve a encontrarse hoy en relación con el nuevo Este, representado por Rusia.

Y tenemos los Balcanes. Aquí la frontera mediterránea se funde con la frontera occidental de Europa. Los cinco siglos de dominación otomana han dejado signos indelebles y evidentes para todo el mundo, desde las mezquitas hasta la cultura gastronómica y desde los vocablos turcos presentes en las lenguas eslavas a las melodías del pop étnico.

Los Balcanes, para mayor complejidad, anticipan Oriente Próximo, y en cierta medida lo reflejan. A excepción de Dalmacia, croata y católica, el resto de los países es de mayoría cristiana ortodoxa de tradición bizantina (Serbia, Montenegro, Bulgaria, Macedonia del Norte, Grecia), musulmana sunita (Turquía, Albania, Kosovo) o una combinación de ambas religiones (Bosnia y Herzegovina). El islam balcánico no es monolítico, pues la práctica religiosa dominante durante la época otomana era diferente de la anatolia o la árabe. En nuestros días, el islam está recorriendo un nuevo sendero.

La retórica de la integración europea, sin duda justificada, ha prescindido de la reflexión sobre las fronteras históricas en el seno de Europa, sobre cuánto y qué Occidente o qué y cuánto Oriente hay en ella. Europa aspira a superar las fronteras. La concepción de las eurorregiones, por ejemplo, se propuso precisamente para trascender historias de enorme complejidad, como la existente entre Polonia y Alemania.

Sin embargo, la simplificación del relato europeo sobre la historia contemporánea –que resulta evidente, por ejemplo, en el Museo Casa de la Historia Europea de Bruselas– no ayuda, porque contribuye a dejar en el olvido una historia más profunda, plena de conflictos y divisiones, que es en vano ocultar. En realidad, tampoco faltan acontecimientos dramáticos en la parte occidental, como, por ejemplo, el enfrentamiento entre la Alemania católica y la luterana durante la Guerra de los Treinta Años, lleno de violencia y crueldad extremas.

En Europa, el tránsito de Occidente a Oriente se compone de una serie de regiones que constituyeron Estados y en las que durante siglos convivieron distintas poblaciones. ¿Qué se puede decir, pues, de los Estados limítrofe? Entre el Báltico y el mar Negro ha dominado Polonia, límite de Europa del siglo XI al XVIII. La actual Polonia adopta posiciones políticas que derivan de su historia y no puede evitarlo. La historia, con sus antecedentes, es importante. A resultas de la afirmación de Rusia imperial como nueva potencia, Polonia se convirtió en el centro de dinámicas de poder y de expansión precisamente en la falla divisoria entre Europa occidental y Rusia, de cuyas consecuencias fue víctima. Asediada por Prusia, Austria y Rusia, experimentó tres divisiones (la última y definitiva, en 1795) y desapareció como Estado. A partir de ese momento, la nueva frontera de Europa, una vez desplazada a Siberia, ha pasado a ser la de Rusia.

La retórica europeísta, por último, no afronta ni esclarece su relación con la historia de Rusia. ¿Vecino molesto o parte de Europa? La Unión Soviética reemplazó a la Rusia imperial, pero su función de completación en relación con Europa no fue la misma. Desde su constitución misma, la Unión Soviética se convirtió en el *otro* por antonomasia de Europa, *otro* del que era preciso defenderse con un cordón sanitario compuesto por Polonia y Checoslovaquia, nacidas en 1918, y Rumania. Estos tres países, junto con Yugoslavia, Bulgaria y Albania, fueron el primer Este definido en tanto tal, esto es, el Este de una Europa que no quería tener nada en común con la Unión Soviética, literalmente otro planeta.

Todo esto fue subvertido por la Segunda Guerra Mundial, que al finalizar llevó justamente a esta Unión Soviética, vencedora del nazismo, hasta el corazón de la vieja Europa: Berlín, Praga y Viena. En ese momento, la Guerra Fría, o sea, los bloques enemigos contrapuestos, levantaron muros materiales y psicológicos entre democracias y dictaduras. Fue el final de la Europa que se había impuesto a escala global con su imperialismo en el curso del largo siglo XIX y hasta 1923. El hundimiento de los sistemas imperiales de Gran Bretaña, Francia, Holanda y Bélgica entre 1946 y 1961 no han hecho otra cosa que confirmar el final de una trayectoria europea occidental.

El continente ha comenzado a recoserse con posterioridad a 1989-1991, gracias al paso de la Comunidad Económica Europea a la Unión Europea. Fue un proceso de agregación al núcleo originario de los Estados fundadores, acompañado por la expansión de la OTAN hacia el Este, que en la práctica ha permitido la unificación de contextos absolutamente diferentes comprendidos entre el Báltico, el Adriático y el mar Negro, entrecruzados por antiguas fronteras. De esta integración habían quedado excluidos, además de los tres Estados bálticos, los otros Estados otrora soviéticos. Hacia 2008 se hablaba de estrecha colaboración con Rusia, entre otras razones, porque la Unión Europea depende de los recursos energéticos rusos. Luego, ante la posibilidad de una ampliación de la OTAN a Georgia, en el verano de 2008 se produjo la intervención militar rusa en ese país, la primera fuera de sus fronteras después de 1989. El hecho fue minimizado, pese a haber sido el inicio de un enfrentamiento cada vez mayor entre Rusia y Occidente. La Europa integrada aún no había elaborado una visión sobre qué relación mantener con su parte occidental. En ese vacío reapareció la frontera, más supuesta que real, entre Occidente y Eurasia, con la complicidad de una progresiva penetración económica de China a lo largo de la *Belt and Road Initiative,* vulgarmente conocida como la «Nueva Ruta de la Seda». En los últimos años, la situación de la falla histórica que, a través de Ucrania hasta el interior de los Balcanes, define los umbrales de los países de tradición ortodoxa posbizantina del Báltico, se ha visto complicada –y no en menor medida que por Rusia– por la Unión Europea y por China.

## Eurasia

La reaparición de la Guerra Fría, en 2022, ha implicado la desaparición de la idea de una Europa unitaria, no obstante lo cual, Vladivostok es completamente europea por dondequiera que se la mire. Se olvida que para Asia Central –Kazajistán, por ejemplo– o para la propia China, Rusia es Europa. Si se presta atención a la historia de los tres últimos siglos, a partir de Pedro el Grande se advierte que Occidente, Europa, se ha extendido al oriente porque Rusia se ha europeizado y ha llevado a Europa hasta la frontera con Persia y China.

En nuestros días, Moscú es una ciudad ultracapitalista y su escenografía, la de las metrópolis globales. El Este es

Este, más que por ninguna otra cosa, porque como tal se declara en oposición a las élites occidentalistas que han existido en las capitales de Europa Occidental durante toda la modernidad, a menudo a contracorriente del conjunto de la población, que prefiere cultivar sus tradiciones. Por cierto, que en el Este hay problemas que se relacionan con diferentes desarrollos de modernidad, con el hecho de que no es posible ocultar ni olvidar setenta años de régimen comunista, dictadura, corrupción, clientelismo, delación y ausencia de pensamiento liberal. En la vasta zona comprendida entre Occidente y Rusia, el siglo XX también es recordado por los desplazamientos de fronteras, los éxodos, las migraciones forzadas, las tragedias colectivas y las individuales, todo lo cual, naturalmente, es la historia de Europa.

En consecuencia, Rusia es un modo de ser Europa. Es precisamente en este ámbito, en el corazón de Eurasia, donde se distingue el llamado *Heartland* o Europa Occidental, entre Polonia, el mar Negro, el Cáucaso y los Urales. El control de esta zona se considera decisivo para el dominio de Eurasia y, por tanto, del mundo.

Alrededor de Eurasia se despliega lo que se conoce como *Reimland*, el área de las zonas-borde, en la que se desarrolla un conjunto de dinámicas estratégicas. Alfred J. Rieber, gran historiador de Rusia, considera que las zonas limítrofes de Eurasia son fundamentales para la historia del mundo[2]. Durante milenios, los espacios euroasiáticos han sido

2. A. J. Rieber, *The Struggle for the Eurasian Borderlands. From the Rise of Early Modern Empires to the End of the First World War*, Cambridge, Cambridge University Press, 2014; Id., *Stalin and the Struggle for Supremacy in Eurasia*, Cambridge, Cambridge University Press, 2015; Id., *The Imperial*

el universo de los pueblos nómadas. Únicamente con los tártaros y con el sistema de los kanatos de la Horda Dorada, la estepa sin límites llegó a unificarse, desde Polonia hasta la Gran Muralla china. A finales del siglo XVIII, toda esta zona pasó a formar parte del Imperio ruso, el Estado de mayor extensión que ha conocido jamás el planeta. A lo largo de las fronteras de Eurasia, así como en su interior, se desarrollaron diversos sistemas imperiales. Resulta significativo, observa Rieber, que estos sistemas se desmoronaron en unos pocos años, entre 1917 y 1925. Por orden: el Imperio ruso (1721-1917), el Imperio Habsburgo (1527-1918), el Imperio chino de la dinastía Quing (1644-1918), el Imperio otomano (1281-1923) y el Imperio iraní de los Kajar (1789-1925).

También es impresionante la serie de guerras que se han librado en los bordes de Eurasia. Para limitarnos a la última fase histórica, mencionamos: la Guerra de Crimea (1854-1856), la Guerra Ruso-turca (1877-1878), la Segunda Guerra Afgana (1879), la Guerra Sino-japonesa (1904-1905), las dos Guerras Balcánicas (1912-1913), las dos guerras mundiales, la Guerra de Corea (1950-1953) y todas las contiendas habidas de 1990 a nuestros días en Yugoslavia, Irak, Afganistán y, por último, Ucrania. El límite de esa subregión mundial que es Eurasia se insinúa en Europa a lo largo de la falla de regiones que en el pasado se han visto mutua y repetidamente enfrentadas, una falla que va del Báltico a Ucrania y los Balcanes.

*Russian Project. Autocratic Politics, Economic Development, and Social Fragmentation*, Toronto, University of Toronto Press, 2017.

Se trata de una divisoria de aguas compleja, en la cual el corazón del mundo coincide con el corazón de Europa. La partición de Polonia en el siglo XVIII fue un anticipo de acontecimientos que nos son cercanos y se están dando en estos días. La vida y la muerte de Yugoslavia atestiguan las dificultades de supervivencia, cuando no directamente su imposibilidad, allí por donde pasa la falla divisoria entre Este y Oeste. El actual caso de Ucrania vuelve a plantear este dramático problema. El próximo puede ser el de los Balcanes occidentales, y no es casual que en los cuarenta y nueve párrafos que un comunicado de los ministros de Exteriores de los países miembros del G7, reunidos en Berlín en marzo de 2022, se dedique a los problemas y las emergencias planetarias, figuren en primer lugar Ucrania y en segundo lugar los Balcanes occidentales, que es en lo que terminó Yugoslavia.

A lo largo de la falla europea, los lugares están marcados por la historia. Como dice Joseph Brodsky: «Hay sitios en los que la historia es inevitable, como un accidente automovilístico, sitios en los que la geografía provoca la historia»[3]. Se refería a Estambul, que vio frustradas sus expectativas. Un sitio, Bizancio –por otro nombre Constantinopla, por otro nombre Estambul–, en el que Este y Oeste son exactamente lo mismo. En el Bósforo se percibe «el paso de un mundo a otro. Si uno se sienta a orillas del estrecho, en Eminönü, puede ver los portaaviones de la tercera Roma que atraviesan las puertas de la segunda en camino a la primera»[4].

---

3. J. Brodsky, *Fuga da Bisanzio*, Milán, Adelphi, 1987, p. 146.
4. Ibídem, p. 185.

# 2. La frontera de Occidente

Occidente es una dinámica continua. En las últimas décadas, y en el sentido más estricto, cuando decimos «Occidente» no entendemos por ello una entidad geográfica, sino una comunidad de países económicamente desarrollados, que comparten la idea de libertad y garantías individuales, liberalismo y democracia en la esfera política y economía de mercado. Decimos «mundo occidental» y pensamos concretamente en Estados Unidos y en la Unión Europea, pero también en Canadá, Australia, Japón, Nueva Zelanda y Corea del Sur.

Lo que sucede es que, si bien es verdad que las fronteras más o menos vividas y las regiones que constituyen la falla divisoria entre el Este y el Oeste europeos tienen su origen en la prolongada definición histórica de Europa Occidental y su permanente reordenamiento en el seno del continente, no es menos cierto que también lo tienen, al fin y al cabo, en el hecho de que esas fronteras expresan algo de mayor alcance que una mera geografía europea, algo que se exhibe como paradigma de referencia a escala planetaria.

A Occidente en tanto entidad o categoría ya se refería Hegel en sus *Lecciones sobre filosofía de la historia* como *Abendland,* la parte del mundo en la que se realizaba la historia. Después de la Primera Guerra Mundial, Oswald Spengler entrevió el ocaso de Occidente, entendido como crisis de la civilización europea, que todavía dominaba el mundo, pero ya no era la misma. Y es cierto que Europa, con las dos Guerras Mundiales, autopunitivas, puso en juego esa primacía, que ya no reconquistaría.

Tal como hoy lo entendemos, Occidente, este Occidente político, es el resultado de distintas dinámicas –entre ellas el entendimiento noratlántico de Gran Bretaña y Estados Unidos, al que tanto aspiraba Winston Churchill en 1940, que se hizo realidad en el acuerdo con Franklin Delano Roosevelt ante la urgencia de la guerra– y nace de las matanzas de la Segunda Guerra Mundial.

La sintonía cultural entre Inglaterra y Nueva Inglaterra *(New England)* –ya evidente en el terreno académico–, de la misma manera que la sintonía política y estratégica entre Gran Bretaña y Estados Unidos, pasó a ser la regla que imprimió su sello a la Guerra Fría y al período histórico posterior, hasta nuestros días. Como en una carrera de relevos, el dominio de los mares del mundo, en manos británicas de 1660 a 1945, pasó a Estados Unidos, cuya marina controla aún hoy todos los océanos. La creación de la OTAN –Organización del Tratado del Atlántico Norte– en 1949 ha sido la confirmación del campo político y militar occidental, conducido por Estos Unidos, frente a la Europa centro-occidental, bajo control de la Unión Soviética mediante la imposición de regímenes comunistas en los Estados liberados por el Ejército Rojo.

Podemos, pues, atrevernos a afirmar que Europa –entendida como civilización y como uno de los Occidentes que se han repetido en la historia– fue la gran derrotada de la Segunda Guerra Mundial, porque, de hecho, se la han repartido entre dos Estados ajenos a ella desde el punto de vista ideológico, con escasas excepciones de Estados que se mantuvieron neutrales y a los que se considera Estados-tapón.

La constitución de la Comunidad Económica Europa en 1957 dio comienzo a un proceso de integración más estrecha de Europa Occidental. Pese a que hubo quien, como Charles De Gaulle, presidente y padre de la Tercera República francesa, pensara que Europa era un *unicum* desde el Atlántico hasta los Urales (De Gaulle se opuso al ingreso de Gran Bretaña en la CEE e hizo que Francia se apartara de los puestos de mando de la OTAN), en la práctica el europeísmo se entendía como algo que atañía, y de modo exclusivo, al Occidente europeo. En los medios de información y en la vida ordinaria, cuando se decía «Europa» y «europeo», se sobreentendía Europa occidental.

El Este comunista era «no Europa». En *Un Occidente secuestrado, La tragedia de Europa central*, de 1984, Milan Kundera sostiene que definir Europa central como Este significa aniquilar el sentido mismo de Europa, de su historia y su cultura[1]. Pero ambas Europas, tanto la occidental –liberal y

---

1. M. Kundera, *Un Occidente prigioniero, o La tragedia dell'Europa centrale*, Milán, Adelphi, 2022 [*Un Occidente secuestrado. La tragedia de la Europa central*, trad. Mayka Lahoz, Barcelona, Tusquets].

democrática, próspera y feliz– como la occidental –opri-
mida bajo plomizos regímenes «populares»– eran en realidad dos esferas distintas, frutos de Occidente, por un
lado, y del mundo comunista, por el otro. En 1976-1977,
año de apogeo del comunismo mundial, e incluso en el verano de 1989, muy pocos habrían sido capaces de predecir
el colapso del Este, la caída del Muro de Berlín y el «triunfo» del mundo occidental, el triunfo del paradigma occidental.

## El paradigma occidental

Hay autores que hablan de «era neoliberal» para referirse a
la historia posterior a 1989 –fase en la que se consolidó la
ideología del mundo occidental–, un auténtico paradigma
que juzga el resto del mundo y la historia global sobre la
base de su propia perspectiva de conveniencia y de verdad.
Es el paradigma hoy dominante y que se refleja en la situación histórica de Europa.

Aunque la Unión Soviética se extinguió por consunción,
Estados Unidos y la Unión Europea vivieron los acontecimientos de 1989-1991 como la victoria de su propio modelo
sobre el modelo soviético o comunista. Esta lectura de los
hechos dio lugar a nuevas visiones del orden mundial y
nuevas perspectivas históricas. En 1992 el politólogo norteamericano Francis Fukuyama publicó su famoso tratado
sobre el fin de la historia (*The End of History and the Last
Man*), que interpretaba la afirmación definitiva de la democracia liberal como el paso a la fase final y completa de la
historia.

El año siguiente, 1993, apareció en la revista *Foreign Affairs* otro ensayo fundamental en respuesta a Fukuyama, escrito esta vez por Samuel P. Huntington, politólogo de la Universidad de Harvard, en el que se sostenía que los nuevos tiempos, el siglo XXI, estarían más marcados por el choque de civilizaciones que por una paz de la que el triunfante mundo liberal fuera garantía. En esencia, al siglo de la ideología comunista, entendida como reacción al capitalismo, le seguiría el siglo de las identidades religiosas, de las identidades nacionales y de modelos de civilización que se creía superados.

Robert D. Kaplan, en el ensayo *The Coming Anarchy*, publicado en *The Atlantic Monthly* en 1994, anunciaba una creciente anarquía política en el «no Occidente», un caos que se propagaría en los continentes y que haría echar de menos la Guerra Fría como una era cuasi utópica. En otras palabras, por un lado Occidente victorioso; por otro lado, el caos. Por tanto, Occidente tenía el derecho moral de poner orden en el caos mediante la exportación de la democracia.

En esos años, la brutal disolución de Yugoslavia ponía de manifiesto que las guerras entre católicos, musulmanes y ortodoxos, entre religiones y confesiones, consecuencia de las civilizaciones del pasado, podían aflorar de nuevo apenas se disolviera la cobertura de ideología totalitaria. De momento, parecía tratarse de acontecimientos específicamente relacionados con los Balcanes, pero con el tiempo resultó evidente que esta región solo había anticipado una tendencia que bien podía reproducirse en otros sitios en el Mediterráneo y Asia central, e incluso hacerse global.

En Huntington, el reparto del mundo de acuerdo con la geografía de las civilizaciones se pone al día en consonancia con el siglo XX. Occidente abarca Estados Unidos, Canadá, Australia, y termina en el centro de Europa, donde el Oriente europeo –cristiano ortodoxo y de tradición bizantina, con Rusia como centro– es por sí mismo una civilización. Y también lo son América Latina, el mundo islámico, la civilización de India, la de China, la budista, la japonesa y la africana (subsahariana). Pese a haber sido impugnado como mero pretexto y por simplista, este ordenamiento expresaba el retorno de la geopolítica tras su eclipse como disciplina en el mundo bipolar.

Hoy es imposible prescindir de la geopolítica. En 2015, con *Prisoners of Geography*, Tim Marshall reafirma la importancia de la geografía en los equilibrios políticos mundiales, de la geografía que es política, sin duda, pero que también tiene en cuenta los recursos y las transformaciones ambientales[2]. Marshall distingue diez contextos, cuyo mapa permite leer el mundo: Rusia, China, Estados Unidos, Europa occidental (en esencia, la no Rusia), África, Medio Oriente (mundo árabe más Irán y Afganistán), India y Pakistán, Corea y Japón, América Latina y el Ártico. No se menciona a Australia ni al Sudeste Asiático, pero, en tanto sistematización, no nos hemos alejado demasiado de Huntington.

Se tiene la impresión de hallarse en presencia de algo novísimo a la vez que antiguo o, en todo caso, más allá de la lógica de la Guerra Fría. China, Vietnam, Corea del Norte y Cuba, junto con otros Estados africanos, son regímenes comunistas, pero para Huntington no es esto lo que marca

2. T. Marshall, *Prisoners of Geography*, Londres, Elliott and Thompson, 2015.

la diferencia. El comunismo puede ser adaptado, «domesticado», a la modalidad del capitalismo y de la civilización de cada país en particular, como es evidente en el caso de China. Por lo demás, con la globalización económica, los países asiáticos pasan a ser los lugares de la deslocalización industrial de Occidente, que se convence de poder vivir únicamente del sector terciario en virtud de su poder financiero y de la innovación científica y tecnológica.

En la última década del siglo pasado, bajo la presidencia de Bill Clinton, se crearon nuevas jerarquías de poder económico a escala global. En este «mundo unipolar», el Este europeo, incluida Rusia, experimentó una humillante quiebra económica y social, a semejanza de lo que venía ocurriendo de manera regular en América Latina. El Este europeo y América Latina eran, de hecho, dos sucursales de Occidente, en ambos casos sustancialmente europeos o de ascendencia europea, pero destinados a la marginalidad y sometidos al control de los centros hegemónicos.

Esos años noventa dan testimonio del éxito del relato de sí mismo que Occidente había elaborado en la posguerra. Se hallaba, de acuerdo con determinados aspectos de una filosofía de la historia, en la fase final de un recorrido histórico, pero por detrás se ocultaba un relato muy preciso. Recordemos los hitos, entre libros y programas de televisión, que forjaron esta manera de pensar.

*The Rise of the West, A History of the Human Community*, uno de los primeros libros de historia mundial, publicado en 1963 por William H. McNeill, se centraba, tal como se desprende del título, en el ascenso de Occidente. Veinte años después de la aparición del libro, el propio McNeill, que era un gran historiador, afirmó con toda lucidez haberlo escrito en la típica atmósfera triunfalista del imperialismo norteamericano.

La sofisticada serie británica de documentales titulada *Civilisation*, realizada por la BBC en 1969, escrita y presentada por el gran historiador del arte Kenneth Clark, recorre los avatares artísticos de Occidente desde los oscuros siglos posteriores a la caída del Imperio romano de Occidente hasta el triunfo del materialismo capitalista, que encarnan Nueva York y el arte norteamericano del período que va de 1945 a 1965, para terminar con el temor ante las incógnitas del futuro.

Más tranquilizador fue *The Triumph of the West,* trece documentales que la BBC puso en el aire en 1985, con presentación del historiador John Roberts, autor de una admirable *Historia del mundo*. Era esta una historia mundial de Occidente o, si se prefiere, una historia occidental del mundo, desde la Antigüedad griega al Occidente noratlántico. El esquema era el del Occidente que hunde sus raíces en la Grecia clásica y en la Roma republicana, el cristianismo de finales de la Edad Antigua y el Medievo, el auge de Europa entre el Renacimiento y la Ilustración, la Revolución norteamericana y la francesa, la revolución científica e industrial, la expansión política europea en el mundo, la europeización del planeta con la exportación de la idea liberal, la cultura y el progreso científico, hasta la afirmación definitiva de Occidente como la parte más rica, poderosa y, sin duda, la más justa del mundo, porque es democrática.

Tal era el esquema de los programas de historia en las escuelas y universidades de los países occidentales. El curso *Western Civilisation* fue uno de los pilares fundamentales de la enseñanza universitaria norteamericana. Con el final de la

Guerra Fría, se pasó de la *Western Civilisation* a la *Western Society*, etiqueta de mayor corrección política, hasta llegar a la aún más neutra y hoy aceptable fórmula de *World Society*. Sin embargo, la centralidad de Occidente se reafirma en libros de éxito como *Civilization: The West and the Rest*, de Niall Ferguson (2011), quien se presenta como convencido defensor y máximo exponente del orden occidental[3].

Todo esto ocurría a la vez que, desde hacía ya bastante tiempo, los estudios subculturales elaborados a partir de India –según una relectura de Gramsci, por no hablar de los estudios poscoloniales– someten a dura crítica la idea misma de Occidente en tanto portadora, en el pasado, de colonialismo, explotación de los recursos naturales y humanos y hegemonía cultural. Por esta razón, el auge occidental ha dejado huellas indelebles de sometimiento en las culturas convertidas en coloniales. Occidente y colonialismo son categorías estrechamente relacionadas.

La serie de documentales *Civilisation*, también de la BBC, pero de 2018, presenta notables diferencias respecto de la versión de 1969, como demostración del cambio de perspectiva. En esta última se habla de las influencias recíprocas del arte islámico y el renacentista europeo, de la expansión global de Occidente y sus repercusiones en las culturas locales, el imperialismo y el colonialismo, la reacción recíproca y la reflexión de ella derivada, además del arte en la era industrial y su mercantilización. Se da espacio a palabras como «relato», «interacción» y «negociación», términos del lenguaje académico habitual.

---

3. N. Ferguson, *Occidente. Ascesa e crisi di una civiltà*, Milán, Mondadori, 2012.

¿Podemos decir entonces que el clima cultural ha cambiado? Una vez más, la crítica a Occidente parte del propio Occidente, desde los campus universitarios norteamericanos hasta todo tipo de medios de comunicación masiva. Piénsese en el debate a que dio lugar el Proyecto 1619 (*The 1619 Project*), promovido en 2019 por un grupo de periodistas del *New York Times*, con el que se aspira a reescribir el relato canónico de la historia de Estados Unidos, sometiendo a discusión la idea según la cual la historia norteamericana habría comenzado con la Declaración de la Independencia en 1776, o con la llegada de los Padres Peregrinos en 1620, para presentar como alternativa el año 1616, en el que se produjo el primer desembarco de esclavos en Virginia.

La actual relectura de sí mismo que hace Occidente desemboca en una fase en la cual China es el nuevo coloso económico –ora como régimen comunista, ora como potencia capitalista–, en la cual la transformación o transición en el campo de la informática y de la comunicación (donde todo se ha desplazado al espacio virtual, la *web*) han unido el mundo como nunca lo había estado en la historia, y en la que se han uniformizado las expectativas de los 8.000 millones de habitantes de nuestro planeta.

Ante este panorama, no es sorprendente que, como reacción, se refuercen valores, ritos, identificaciones y relatos que se tiene por tradicionales, que se sostenga la idea de civilización específica, de que el mundo no es un Occidente único con matices diferenciales.

Las sociedades islámicas siguen siendo islámicas, aun cuando actualizadas en todo lo relativo a tecnología e información; y lo mismo ocurre con India y el Sudeste Asiático.

China es un gigante económico que no es Occidente ni quiere serlo. América Latina se siente Occidente solo a medias, porque es más pobre y está sometida. Las numerosas Áfricas buscan su propia vía. Rusia se proclama europea, pero no occidental. En el mundo multipolar, las hegemonías, los centros y las periferias están en proceso de reestructuración.

Y a pesar de que, sin duda, Occidente no es monolítico, tras haber extendido sus límites mucho más allá de sus fronteras, tiende en estos últimos años a encerrarse, a levantar muros reales y virtuales, a consolidar las fronteras, incluso simbólicas, que se han reforzado en defensa de un mundo en transformación[4].

Así, tras la caótica retirada de Afganistán en septiembre de 2021, como resultado del frustrado intento de exportar la democracia, la hegemonía de Estados Unidos se reacomodó tanto en Europa, respecto de Rusia, como en el Pacífico, respecto de China. Asia ha sido cercada. Vemos nuevamente, de acuerdo con el paradigma occidental, la oposición de Europa a una «no Europa». Sin embargo, Europa es matriz del mundo occidental, pero también algo en sí mismo, a la vez una y múltiple.

## Europa occidental

Por muchos motivos, Occidente y Europa coinciden en su devenir histórico, pero, como es sabido, no toda Europa fue Occidente ni acepta formar parte de este último Occidente

4. V. Zamagni, *Occidente*, Bolonia, Il Mulino, 2020.

que surgió del final de la Guerra Fría. Entonces, ¿en qué consiste Europa occidental?

Es preciso hacer referencia a ciertas transiciones históricas. Europa tiene su origen en la fragmentación del Imperio romano de Occidente y en la división del Mediterráneo entre árabes y bizantinos, o romanos de Oriente. Fue la Iglesia latina, reunida en torno al obispo de Roma, la que, en sentido religioso y moral, impulsó a una nueva historia áreas que consideramos la primera Europa, áreas periféricas respecto del mundo bizantino y del árabe, más evolucionadas y centradas en el Mediterráneo, entre Constantinopla, Damasco y el califato de Córdoba.

Desde el punto de vista político, en este proceso fue decisivo el más tenaz de los denominados reinos romano-bárbaros, el de los francos. Decimos tenaz porque durante casi tres siglos (481-768) luchó primero para afirmarse como reino en la frontera entre Galia y Germania, y luego se impuso como factor militar decisivo entre el Rin y la Italia longobarda.

Poco es lo que queda de los otros reinos romano-bárbaros: los ostrogodos, los visigodos y los lombardos dejaron su marca en una fase de transición. El legado de los francos, en cambio, tiene algo de imperecedero. Carlomagno, en calidad de restaurador de la romanidad occidental como soberano del Sacro Imperio romano, llevó ese legado a su apogeo. Fue coronado en Roma por el papa la Navidad del año 800. Es imposible que tal coronación no nos mueva a pensar en Europa, pues a ella podemos remontar la primera luz de Europa y, siempre desde nuestra perspectiva, los auténticos comienzos de Occidente.

Cuando murió Carlomagno, en 841, el Sacro Imperio romano abarcaba Germania hasta el río Elba, la actual Benelux

(Bélgica, Países Bajos y Luxemburgo), toda la Francia moderna, la marca española –que corresponde a Cataluña–, Carintia, esto es, la Austria moderna, e Italia centro-septentrional.

En otras palabras, Europa latina, distinta del Imperio romano original –ya únicamente occidental, con Constantinopla como capital a partir de 330–, se constituye en la parte occidental del espacio continental comprendido entre Aquisgrán y Roma. En los primeros momentos, su influencia en el mundo mediterráneo, por entonces en poderosa transformación, es muy escasa. En tanto latina, romana y católica –y, en consecuencia, distinta del Imperio Romano de Oriente–, es un mundo occidental. Los bizantinos llamaban «francos» a quienes ya podemos denominar europeos occidentales, y así, por herencia bizantina, los otomanos llamaban a los europeos *Frenk* o *Efrenç*.

La expansión de la cristiandad romana latina y de las instituciones francas hasta el siglo IX se dirigirá al este, en tránsito hacia el Oriente continental. Los primeros en experimentar esta influencia serán los pueblos eslavos asentados en el Báltico y en el Adriático. Precisamente para contrarrestar la penetración de los benedictinos alemanes, los eslavos moravos decidieron dirigirse a los emperadores bizantinos y solicitarlos (digamos) ayuda cultural con el fin de tener una liturgia cristiana en lengua eslava, del mismo modo que las Sagradas Escrituras.

Cirilo, conocido también como Constantino, y Metodio –dos aristócratas bizantinos de Salónica– fueron los encargados de esta misión y se convirtieron en santos patrones de la cristiandad eslavo-ortodoxa o bizantino-eslava. En Moravia, su cometido llegó tarde y fracasó, pero atrajeron a muchos seguidores en los Balcanes, donde la liturgia esla-vo-bizantina y el alfabeto cirílico (que los discípulos diseña-ron tomando el griego por modelo) tuvo gran difusión. La conversión de los búlgaros en 870 cambió la historia de los Balcanes. Fue todo un éxito para Bizancio, que de esta suerte pudo extender su influencia religiosa y cultural. Otro éxito fue que el principado de Kiev, con Vladímir I a la cabeza, adoptara el cristianismo como religión. De esta manera, Bizancio, los Balcanes y Rusia de Kiev se manco-munaron con Oriente.

Es así como el Occidente y el Oriente europeos se van cristalizando a lo largo de los siglos IX y X.

Entre aproximadamente el año 900 y el 1200, alrededor del Sacro Imperio romano, corazón de Occidente, se afir-maron los reinos de Inglaterra, Noruega, Suecia y Dina-marca. Hacia el año 1000 se constituyeron en el Este el rei-no de Polonia y el de Hungría. Básicamente, se había articulado un semicírculo de monarquías en torno al Impe-rio occidental, área en la que se extendió la organización territorial de la Iglesia mediante la creación de obispados y diócesis, a la vez que echaba raíces el feudalismo, con su ri-gurosa jerarquía nobiliaria.

Según ciertos autores, es posible hablar de «europeizac-ción» en el sentido de un proceso que, a partir del Sacro Imperio romano –modelo de la cristiandad latina (occi-dental)– transformó Europa entre el Atlántico, el Vístula y los Cárpatos[5]. Y puesto que Suecia incluía la tierra de los fineses (Finlandia) y que los caballeros guerreros alemanes

5. R. Bartlett, *The Making of Europe. Conquest, Colonisation and Cultural Change 950-1350*, Londres, Penguin, 1994.

y los monjes de la orden teutónica llegaban a Estonia, el bloque de la latinidad occidental, bajo la bandera del catolicismo, se imponía en el Báltico. Si, además, tenemos en cuenta la Reconquista en España, que contenía a los árabes en el reino de Granada, y la constitución del reino de Sicilia en 1130, en perjuicio de Bizancio y de los árabes, nos queda ya bien perfilada una Europa occidental.

Era esta una Europa que tenía sus máximas autoridades en el emperador del Sacro Imperio romano y el pontífice de Roma y en la que, gracias a las Cruzadas, se vivió una revolución comercial que, a partir de Italia, contribuyó a la buena fortuna de muchas ciudades, incluidas las de Germania y Flandes. Entre el Mediterráneo, el mar del Norte y el Báltico se intensificó la circulación marítima y comercial que condujo a una creciente urbanización y contribuyó a la afirmación de todos los aspectos que consideramos típicos de Europa, a saber: el nacimiento de la universidad, los hospitales y la banca, los adornos en la manufactura y el desarrollo de las artes a través del románico y el gótico, estilos netamente europeos y distintos de lo que se veía en las orillas opuestas del Mediterráneo. Europeos eran también los valores: los de la caballería y la nobleza, la cultura de las cortes y de los ayuntamientos, así como de la Iglesia y de las órdenes monásticas –benedictinos, franciscanos y dominicos– con sus conventos, sus manuscritos y un estilo como medio de escritura, todo lo cual es válido de Castilla a Polonia y de Nápoles a Lübeck.

El descubrimiento de América, la crisis de la autoridad imperial en tiempos de Carlos V, la crisis del Papado y la división entre protestantes y católicos son procesos que llevan al nacimiento de la Europa moderna, que se proyecta a los océanos. Esta dimensión oceánica es justamente lo que, con el tiempo, reforzó la especificidad de Europa central, que a partir el siglo XVI se hallaba a mitad de camino entre la Europa atlántica, poseedora de colonias, y la asiática, rusa y turca.

## Europa central

El 12 de diciembre den 1683, la llegada de la caballería al mando del rey de Polonia Juan Sobieski a las murallas de Viena, acabó *in extremis* con el terrible asedio otomano. Fue ese el primer gran acontecimiento europeo tras la batalla de Lepanto, y marcó un giro en la historia de Europa central. Se puede decir que a partir de ese momento y hasta 1914, los Habsburgo practicaron una política de expansión hacia el sudeste, hacia los Balcanes, casi a modo de compensación por no haber conseguido someter a la Alemania luterana durante la Guerra de los Treinta Años. La Felix Austria se había convertido en una potencia que miraba al Oriente. En el siglo XVIII, con el surgimiento de Prusia, Austria se topó con un rival en el tablero germano. Viena y Berlín se disputaron la primacía en la Confederación Germánica creada en 1815, el primer intento de una solución pangermana con capacidad para integrar historias diferentes, y el segundo que se centraba en la nación alemana, en la constitución de un *Reich*.

La guerra de 1866 condujo a la ruptura de los rivales. En 1867, Austria pasó a ser Austria-Hungría, mientras que en Versalles, 1871, surge Alemania tras la victoria sobre Francia. Pero ya en 1881 ambos Estados sellaron una estrecha alianza. De esa suerte, Europa central se convertía en algo concreto, *Mitteleuropa,* representada por dos imperios sustancialmente germanos –aunque ambos, a la vez, multinacionales–, establecidos entre el Rin, los Alpes, el Adriático, los Balcanes y Königsberg, hoy Kaliningrado, por el norte, y Leópolis (también Lemberg o Lviv) por el este. Estos imperios, dotados de puertos (Hamburgo y Trieste) y grandes flotas mercantes capaces de surcar todos los océanos, experimentaron un crecimiento económico ininterrumpido hasta 1914 y conformaron un mundo que se suicidó en la Primera Guerra Mundial, aun cuando por un momento, con el tratado de Brest-Litovsk de marzo de 1918, había alcanzado su máxima expansión hacia el este, a expensas de Rusia.

Pero cabe preguntarnos: ¿esta Europa central fue Occidente? En rigor, no. La Alemania guillermina estaba convencida de que su destino no era occidental ni oriental, sino el llamado *Sonderweg,* y en plena guerra declaraba combatir a Occidente. Pese al fracaso de 1918, la Alemania nazi (incluida Austria), secundada por los países del Eje, quiso crear el Tercer Reich a partir de Europa central. El espacio vital, una vez más, como en la Edad Media, era el Este; los enemigos eran tanto Occidente (Gran Bretaña y Estados Unidos) como la Unión Soviética.

Una gran Europa central –alemana y nazi– debía dominar la Europa entera hasta los Urales. Mark Mazower habla de «continente oscuro», oscuro de alma porque su ideología, que defendía la antidemocracia, la opresión, el racismo, el espacio vital y el exterminio del otro, emanaba del corazón mismo de Europa[6]. La geografía de los campos de

6. M. Mazower, *Le ombre dell'Europa. Democrazie e totalitarismi nel XX secolo,* Milán, Garzanti, 2009.

exterminio y de concentración coincide con la *Mitteleuropa*, incluida Trieste (Risiera di San Sabba), su extremo meridional.

El año 1945 marcó el fin de la guerra, la derrota del nazifascismo y la victoria de Occidente y de la Unión Soviética sobre el órgano enfermo de Europa. Alemania y Austria fueron divididas en cuatro sectores de ocupación, y lo mismo ocurrió con Berlín y con Viena, las capitales de los imperios derrotados. La ocupación se prolongó por años, y de ella surgieron dos Alemanias. Por primera vez en toda su historia, Europa quedó cortada por una frontera rígida, un muro: el Telón de Acero. El lado occidental, comprendida la España falangista, pasó a ser Occidente. El Este era otra cosa.

Prusia fue absorbida entre la Unión Soviética y Polonia; y su memoria, condenada. La *Mitteleuropa* desapareció y permaneció en el olvido hasta los años ochenta de Milan Kundera y Claudio Magris. Su redescubrimiento cultural y literario anticipó la redefinición política del continente. Se puede decir que, con la reunificación de Alemania y el ingreso en la Unión Europea de los otrora Estados satélites de la Unión Soviética, Europa central resucitó.

Esta *Zentraleuropa* –término preferible a cualquier otro para referirse a *Mitteleuropa* (un poco pangermano)– no solamente constituye un mundo por sí misma, sino que es también una faceta más de Occidente. En la última década del siglo XX y la primera del XXI, el empleo del término «Este» en relación a Polonia, República Checa, Eslovaquia y Hungría, pero también Eslovenia y Croacia, se torna impropio. Incluso pierde toda plausibilidad la expresión «Europa centro-occidental», esto es, el Este del centro.

Se trata simplemente de una Europa allende los límites de Alemania y Austria, zona específica de la Unión Europea y de la OTAN que hasta 1991 era reconocible como grupo de Višegrad. Luego se agregaron Estonia, Letonia y Lituania, es decir, el Báltico, contexto intermedio entre Escandinavia y la *Mitteleuropa*. Por último, también se unieron Rumania, Bulgaria y Croacia, países de la OTAN que, junto con Grecia, constituyen los Balcanes europeizados. De esta suerte, la frontera occidental de la Unión Europea y de la OTAN-esto es, de Occidente– se extiende desde el Báltico hasta el mar Negro y los Balcanes, y limita con Rusia, Bielorrusia, Ucrania, Moldavia, Bosnia-Herzegovina y Serbia.

Esta es la Europa central de hoy, área de paso entre la UE y la no UE, donde desde los años noventa del siglo pasado han operado fundaciones de matriz estadounidense con fines políticos. Por su importancia se destaca la Central European University (CEU) de Budapest, promovida por el financiero George Soros con el objetivo de formar la nueva clase dirigente e intelectual del centro y el sudeste europeos, por no hablar del antiguo espacio de influencia soviética. La formación que brinda la CEU de Budapest se basa en estudios de historia, ciencias políticas y economía, tres pilares para transformar la gobernanza de lo que otrora fue el Este y del nuevo Este. En 2018 la universidad, a consecuencia de la prohibición de que fue objeto en Hungría por el gobierno de Viktor Orbán, se trasladó a Viena.

Una parte importante de los docentes universitarios croatas, ucranianos, búlgaros y rumanos –historiadores, economistas y expertos en política– ha obtenido su licenciatura o su doctorado de investigación en la CEU de Budapest, que forma los nuevos cuadros directivos de departamentos enteros. Además, las múltiples organizaciones no gubernamentales (ONG) patrocinadas por las Open Society Foundations de Soros y por las mayores fundaciones políticas y privadas alemanas son factores activos en los medios de comunicación, el mundo editorial y la vida cultural de todos los países balcánicos occidentales, Ucrania y Moldavia.

En la última década, la hegemonía de la cultura liberal y libertaria–es decir, del paradigma occidental–, muy notable a comienzos del siglo XXI en la divisoria de aguas entre la UE y la no UE y entre Ucrania y los Balcanes, ha sido cuestionada por los medios de comunicación rusos, así como por los financiados por países como Qatar, China o Arabia Saudí. El avance de Occidente ha chocado con otro paradigma en las fronteras de Europa central.

# 3. La Segunda y la Tercera Roma

A quien llega por primera vez a Moscú, Belgrado o Atenas le invade una sensación de extravío ante la escritura en alfabeto cirílico o griego. Se trata de señales obvias de una tradición diferente. En este caso, la forma conduce a la sustancia, a diferencia de lo que ocurre en Constantinopla-Estambul, donde, por la firme voluntad de Atatürk, padre de Turquía, la lengua turca se escribe en caracteres latinos. Aquí la forma es voluntariamente occidental, pero otra cosa es la sustancia. En el Bósforo se oye el *adhān*, la llamada del muecín a la plegaria, que sorprende al extranjero. Y lo mismo sucede en Sarajevo.

En Turquía, en los Balcanes y en Rusia se es occidental con respecto a India y China, pero, aun aceptando todo de Occidente, permanece viva la conciencia de que solo se puede ser Occidente en tanto periferia o colonia, es decir, en posición de subordinación y al precio de renunciar a la propia historia. Esto se debe a que Europa ha mantenido una actitud ambigua, a menudo señorial, respecto de su región occidental. Europa occidental, comprendida Europa central, nunca entendió por completo al Oriente con el que comparte frontera y que le permite ser lo que es. Las expresiones segunda y tercera Roma –Bizancio y Moscú– son simplificaciones, sin duda, pero subsisten en los relatos del Este. El Este sigue vivo.

## Bizancio

En comparación con la Europa de la *latinitas*, Bizancio –la segunda Roma que propuso el emperador Constantino– era otra cosa. Ante todo era el mundo romano que sobrevivía tras el año 476, esto es, un mundo romano occidental que había conquistado culturalmente a los eslavos de los Balcanes y a los pueblos de las llanuras sarmáticas, agrupados bajo la tribu de los rus.

Los bizantinos (aunque el término no es adecuado; hoy esto no se discute) eran romanos cristianos de lengua griega. La civilización bizantina articula la romanidad en el Estado y el derecho con el cristianismo en la religión y los valores: la helenidad en la lengua y el sentido de convencida y consciente continuidad respecto de lo que se conoce como mundo «clásico». El hecho de que los bizantinos hablaran griego no debe llamarnos a confusión. No se trataba de una nación, sino de romanos, súbditos de un imperio que se tenía por universal. Ciertamente, fascinaron a todos los pueblos con los que se relacionaron, pero, al mismo tiempo, su inalcanzable excelencia, su orgullosa sensación de superioridad y el hecho de ser por sí mismos los que eran, terminaron por alimentar la aversión de quienes no podían ser como ellos. ¿Quién no intentó destruir Bizancio? Ávaros, eslavos, árabes, persas, búlgaros, rusos, francos latinos, venecianos, turcos selyúcidas, turcos otomanos; todos la asediaron.

En el Imperio romano de Oriente, la tradición confesional es específica, bizantina, por así decirlo, o, más rigurosamente, grecobizantina o, para simplificar, ortodoxa. Es precisamente el término «ortodoxo» lo que debe movernos a la reflexión, en su acepción de lo que no cambia en la liturgia ni en la comprensión de los valores cristianos, porque no cambiar es un hecho virtuoso. La imperecedera fidelidad a la propia identidad es la vía para trascender el tiempo y aproximarse a la eternidad. Es lo que comprendemos gracias a los iconos, cuyo fondo dorado es un no color que determina la ausencia de perspectiva, esa sensación de suspensión que evoca la atemporalidad, la eternidad. El icono nos mira, nos examina, nos explora desde su eternidad bidimensional.

La Iglesia de Constantinopla quedó subordinada al poder político, a diferencia de lo que ocurría en la Europa latina, donde la autoridad imperial era distinta de la papal. La Iglesia de Constantinopla cristianizó a los eslavos de los Balcanes y a los de la Rusia de Kiev. No es una Iglesia occidental, no se confunde con los patriarcados occidentales de Antioquía (expresión de la Iglesia siria), de Jerusalén y de Alejandría (que representan a la Iglesia copta), ni con la Iglesia etíope o la armenia. A diferencia de estas iglesias, la que llamamos normalmente «ortodoxa» es la variante oridental de un cristianismo que tiene también su versión latina y católica, y obedece a la autoridad de Roma y su pontífice.

La escisión oficial de ambas iglesias data de 1054, pero se puede decir que ya desde los siglos V y VI la Iglesia de Constantinopla y la de Roma siguieron rumbos distintos. Todas las naciones de tradición ortodoxa tienden a tener una Iglesia autocéfala, con un sínodo propio y un patriarca, y a organizarse territorialmente en eparquías. Se dice Iglesia serbo ortodoxa o ruso ortodoxa, pero sería más correcto decir serbo bizantina o ruso-bizantina. Bizancio desaparece en 1453, pero el espíritu de su liturgia y de su confesión sobreviven. Puesto que hay más iglesias ortodoxas, el patriarca de Constantinopla es *primus inter pares* en relación a los demás, y su autoridad no se ve debilitada por la escasez de fieles que asisten a su liturgia en el barrio de Fanar, en Estambul.

En las conexiones bizantinas que observamos en torno al inicio del segundo milenio –en tiempos del emperador Basilio II (fallecido en 1025)–, es posible ver el contexto originario de un renacimiento que se da, por un lado en los Balcanes, y por otro lado en Anatolia hasta llegar al Cáucaso y la Siria árabe, con centro práctico y espiritual en el Bósforo. Siempre alrededor del año 1000, se consideraba a la Rusia de Kiev, de liturgia eslavo-bizantina, como afín. Este Oriente, que el gran historiador Dimitri Obolensky denominó la «*Commonwealth* bizantina», es la matriz de Europa occidental[1].

La «*Commonwealth* bizantina» se vincula con la historia de Europa precisamente por el hecho de haber sido su Oriente, distinto, pero no infiel, no absolutamente «extraño» como lo era el mundo musulmán. Bizancio ha luchado

1. D. Obolensky, *Il Commonwealth bizantino. L'Europa orientale dal 500 al 1453*, Bari, Laterza, 1974.

contra el Imperio persa, y durante siglos se defendió del avance eslavo y árabe por mar y por tierra.

La tenaz resistencia, la defensa del propio contexto originario y transmitido de generación en generación, la salvaguarda de la comunidad, la convicción de que la ortodoxia es una virtud y la tradición lo es todo, junto con el orgullo de su civilización, que no se debe mezclar con otras para no perderla, son todas ellas características comunes de la tradición bizantina, tanto en el ámbito eclesiástico como en el civil, puesto que, para los súbditos cristianos del Imperio otomano, la Iglesia ortodoxa fue su auténtica encarnación. A través de una historia compleja, todas estas características han pasado a los pueblos eslavos, en cuya tradición reivindican la componente cultural bizantina.

Constantinopla consiguió defenderse de los eslavos, los persas y los árabes, pero en 1204 fue conquistada por los francos, los europeos occidentales. La Cuarta Cruzada, dirigida de hecho por Venecia, vio a los guerreros francos apoderarse de Zara, en Dalmacia, y luego de Constantinopla. El Imperio bizantino no desapareció, pues se mantuvo en Nicea y en el Epiro, y en 1261, gracias a los genoveses, fue restaurado en la propia Constantinopla. El Imperio latino de Constantinopla, uno de los diversos Estados cruzados, vivió aún seis décadas más (1204-1261) y legó a los romanos de Oriente la aversión a los francos, los latinos, los occidentales, a todos los cuales se describía como vulgares y violentos. Tras 1261 el Imperio bizantino, que todavía en 1180 controlaba Dalmacia, ya no logró recuperarse. A lo largo del siglo XIV perdió territorios a favor de Serbia; desde aproximadamente 1390 al desastroso 1453, el Imperio no iba más allá de la mera ciudad de Constantinopla y su territorio limítrofe, Trebisonda y ciertos sectores del Peloponeso (Mistrá). Más como símbolo que como Estado, sobrevivió otras seis décadas.

En los Balcanes, tras la caída de 1204, se reinstauró el reino de Bulgaria, reconocido por el papa. En 1217 se creó el reino de Serbia, cuyo rey –Esteban, «el primer coronado»– fue designado directamente por el papa de Roma, esto es, por la máxima autoridad del mundo latino; pero en 1219, Sava, el hermano del rey, impuso la confesión bizantina, que habrá de convertirse en un patriarcado serbio por sí mismo y una iglesia, la primera autónoma de Constantinopla. Con estas dos elecciones –la corona de Roma y la confesión de Bizancio– se decide la posición intermedia de Serbia en la frontera del Este y el Oeste, destino que marcará toda la historia de este país.

Bizancio, Serbia, Bulgaria y, más tarde, Grecia, son los pilares de la ortodoxia en los Balcanes, región que los turcos otomanos denominaban Rumelia, esto es, tierra de romanos, es decir, cristianos. Fue la suya una paciente conquista de la región entre 1356, cuando desembarcaron en Galípoli, en los Dardanelos, y 1453, año de la caída de Constantinopla.

No hay duda de que el Imperio otomano que domina los Balcanes no se parece a Europa. Una vez más, el Bósforo es el centro de este Oriente. Karl Keiser, el gran balcanista austríaco, ha acuñado la expresión «Eurasia Menor» en relación a las tierras otomanas, esto es, el punto de encuentro de continentes, tradiciones antiguas y pueblos; un Imperio que, con la conquista de Siria y Egipto en 1516-1517, llegó a ser la mayor potencia mediterránea y, con la conquista del mar Rojo y la Mesopotamia, un gigante de Oriente

Próximo, capaz de casi apoderarse incluso de Viena en 1529 y de someter a Hungría en 1540.

El repliegue otomano hacia el sur tras la derrota de 1683 en Viena y como consecuencia de la guerra contra los Habsburgo de 1684 a 1699, redefinió el dominio de Estambul en los Balcanes. Tal como hoy los entendemos, los Balcanes fueron diseñados por la reconquista católica de Hungría y el desplazamiento del *limes* antiturco a los ríos Sava y Danubio. La frontera actual entre Croacia –Estado de la Unión Europea que próximamente entrará en la zona Schengen de libre circulación– y Bosnia y Herzegovina, Estado aún no aceptado como candidato a miembro de la UE, se remonta a los tratados de paz austroturcos de 1699 y de 1718.

Las tierras otomanas fueron cercadas por una frontera militar, una cadena de regiones militarizadas y a la vez cordón sanitario para defender Europa de las pestes que en el siglo XVIII devastaban Bosnia una y otra vez. La frontera de Occidente y Oriente pasaba entre Croacia-Eslavonia-Hungría meridional y Bosnia. Occidente se distinguía por sus nuevas ciudades de estilo europeo, sus carreteras, una la circulación fluvial de vanguardia y sus vastas propiedades rurales que transformaron la llanura fértil tras siglos de abandono; Oriente, por su parte, era decididamente asiático, con casbas empezando en la propia Belgrado, un mundo suspendido en un tiempo otomano indefinido. Esos Balcanes eran de población mayoritariamente cristiana ortodoxa y constituían una simbiosis, para nada armónica, entre la tradición de Bizancio y la nueva tradición otomana, ambas con centro en Constantinopla.

Por haber marcado definitivamente los Balcanes y por haber condicionado Europa durante toda una época, la historia del Imperio otomano es también historia europea, y lo es aun cuando Europa no lo acepte. Esta es la realidad. El Imperio otomano, con su triple cara europea, asiática y norteafricana, también es heredero de Bizancio y, en ciertos sentidos, del Imperio romano. Una historia, la suya, en los confines de mundos diversos y distintos continentes.

## Las Rusias

Al norte del mar Negro y a partir de más o menos el año 870, se afirma la Rusia de Kiev, tierra bautizada, como indicaba la tradición, en 988, cuando el príncipe Vladímir aceptó la fe en Cristo de acuerdo con la confesión de Bizancio, acontecimiento que marcó para siempre la historia de las diversas Rusias: la de Kiev, la de Nóvgorod y la de Moscú. Fue notable la influencia de Constantinopla: Santa Sofía de Kiev fue erigida por maestros griegos a partir de 1037 y Santa Sofía de Nóvgorod también fue construida por griegos en 1502. Dos siglos más de historia, marcados por divisiones internas del Estado, desembocaron en la conquista de los tártaros en 1240 y la total destrucción de Kiev.

Las tierras rusas, fragmentadas entre varios principados, terminaron integradas en la Horda Dorada y constituyeron el miembro más occidental de un mundo euroasiático que acababa en la Muralla China. Dos siglos de unidad con Extremo Oriente transformaron definitivamente la historia de las tierras rusas, que quedaron al margen de Bizancio y de la cristiandad latina.

La Horda Dorada no era un pseudoestado estepario como se pensó durante mucho tiempo. Para dominar las llanuras infinitas era menester una civilización organizada en torno a los caballos y las tiendas, tolerante con los vasallos y capaz de gestionar comunidades muy lejanas con la eficiencia recibida de la burocracia china. Los bienes manufacturados chinos llegaban a Moscú, y sabemos que en calidad superaban, con mucho, a los de la manufactura europea. El mar Negro, gracias a la Horda Dorada y la Ruta de la Seda, era uno de los puntos terminales de los productos exclusivos de Oriente. Génova había sustituido a los bizantinos en Crimea para sacar provecho de estos flujos y de este comercio. Y en Crimea se había consolidado el kanato homónimo. En cuanto a la población, todo el espacio póntico, desde las costas de la actual Bulgaria hasta Georgia, se volvió tártaro. Entre el Dniéper y el Don, muchas zonas permanecieron desiertas.

Era esa una Europa en verdad muy lejana.

La parte occidental y septentrional de lo que fue el Estado de Kiev-entre las ciudades de Rostov y Vladímir, y luego Moscú– vivió durante dos siglos, hasta mediados del XV, el período de los principados, en el que los príncipes rusos eran vasallos de los grandes kanes tártaros y chocaban una y otra vez con los suecos y con la Orden Teutónica. Nóvgorod fue el centro cultural de esta Rusia hasta que la desplazó Moscú. En cambio, la parte occidental –la región de Kiev, dividida entre Volinia y Galitzia– fue conquistada por los polacos y los lituanos. Entre los siglos XIII y XIV, el Gran Ducado de Lituania, enclavado entre las tierras de la Orden Teutónica y las de los rusos, aún pagano, no cristiano, logró incorporar los territorios que hoy corresponden a Bielorrusia y Ucrania. En 1349, el reino de Polonia conquistó el de Rutenia, con capital en Leópolis, hoy Lviv, una de las principales ciudades polacas hasta 1945.

En 1386 contrajeron matrimonio Eduviges, heredera del trono de Polonia, y Jogaila, luego Vladislao Jagellón, gran duque de Lituania, converso para la ocasión. Fue un acontecimiento fundamental en la historia de ambos países. Transformado en rey de Polonia, Vladislao derrotó a la Orden Teutónica en 1410, con lo que Polonia y Lituania pasaron a ser una sola potencia en la frontera de Europa. La extensión de ambos Estados cubría los actuales territorios de Polonia, Ucrania, Bielorrusia y Lituania. La unión no se hizo efectiva en el plano político y administrativo hasta 1569, cuando recayó en la persona del rey.

La influencia de Polonia, de su nobleza, y de la Contrarreforma católica, dejó para siempre su impronta en las regiones occidentales de Ucrania, Bielorrusia y Lituania, convirtiéndolas en las ramificaciones más lejanas de Europa.

El río Dniéper pasó a ser frontera de Europa, aun cuando el Gran Ducado de Lituania se extendiera más allá, por territorios indefinidos conocidos como Ucrania (literalmente «región apartada») donde vivían los cosacos del Zaporiyia, que se hicieron famosos gracias a *Taras Bulba*, la novela de Nicolái Gogol.

A lo largo del siglo XIV fue aumentando la importancia de Moscú como nuevo centro político de las tierras rusas. En 1371 se constituye en Gran Ducado y se habla ya de Moscovia. Con Iván III el Grande, soberano de 1462 a 1505, Moscovia se independiza por completo de la Horda Dorada, a la sazón dividida en distintos kanatos. Tras la caída de Constantinopla, la Iglesia rusa se distanció del patriarcado, por entonces bajo el dominio de un sultán, y estuvo de acuerdo en alejarse del conciliarismo (filorromano), condenado por el sínodo de Constantinopla de 1484. Por tanto, la ortodoxia volvía al marco de su propia tradición, entre los Balcanes y Rusia, aunque en una nueva situación política.

La construcción del Kremlin, a cargo de arquitectos italianos, sobre un esbozo del siglo XV, confirmaba la existencia de una nueva Rusia, independiente tanto en el plano político como en el confesional, al punto de que hacia 1505-1510 unos monjes intelectuales concibieron la idea de que Moscú fuese la tercera Roma, heredera de las dos primeras. Ivan IV, el Terrible, dio forma a Moscovia, con la extensión de su territorio hasta el Caspio y el sometimiento de los tártaros (1562-1584). A él se debe, en 1547, la proclamación del reino (o zarato, Estado del Zar), de Rusia: *Russkoe zarstvo*. Pero para los pueblos ortodoxos de los Balcanes, con Turquía ya en Europa, y del Levante, esta Rusia era remota.

Los soberanos rusos se encontraron y lucharon con los reinos de Suecia y de Polonia, lo que condicionó la vida política de Moscovia. Únicamente el ascenso de los Romanov, en 1613, aportó estabilidad a Rusia.

A la titánica personalidad de Pedro el Grande se debe la transformación del reino de Rusia en un Estado declaradamente europeo: el Imperio de Rusia. Dueño de un poder absoluto, cuasi tiránico, sometió el patriarcado de Moscú al sínodo vigilado por el soberano, introdujo las costumbres europeas de acuerdo con el modelo alemán y el polaco –primero en la nobleza y luego en el resto de la población–, dispuso una nueva jerarquía para la nobleza y dio preferencia a la meritocracia junto con la obligación de servir al emperador.

## Occidentalización

A partir del siglo XVII, la historia de Europa occidental se caracteriza por la afirmación de dos modelos políticos distintos: el monárquico absolutista francés y el monárquico parlamentario inglés. Hasta 1789, el absolutismo que encarnaban Luis XIV y sus sucesores fue, con gran diferencia, el más admirado de Europa y se reprodujo tanto en grandes como en pequeños reinos. Más tarde, en el curso del siglo XIX, se propagaron en el continente la monarquía parlamentaria y el liberalismo de cuño británico.

Este proceso del absolutismo al parlamentarismo, con ritmos y fases diferenciales, implicó a Europa central e incluso al Oriente europeo. Podemos hablar de «occidentalización», lo que significaba la aceptación y aplicación de los modelos institucionales, militares y tecnológicos elaborados en Francia e Inglaterra.

Pedro el Grande admiraba el progreso tecnológico, la construcción naval y la dimensión urbana que había visto en los Países Bajos e Inglaterra. En 1703 fundó San Petersburgo, ciudad que surgió de la nada en los remotos pantanos del Báltico más frío, porque la capital del Imperio debía estar sobre el mar. Pedro consolidó la expansión en Siberia, a la que no dedicó un enfoque meramente comercial, sino también científico y político. Rusia llegó al estrecho de Bering y se extendió por territorio americano, en Alaska y otros lugares, al punto de tener su último baluarte en Fort Ross, California.

En la prolongada guerra de Rusia con la Suecia de Carlos XII (1700-1721), Pedro acabó con la aspiración sueca de dominar el Báltico occidental. La victoria tuvo amplia resonancia entre las poblaciones ortodoxas de los Balcanes otomanos. Era la primera vez, desde 1453, que emergía una potencia ortodoxa: Rusia. Concluida la guerra, en 1721 Pedro proclamó el Imperio. Su título no era ya el de zar, sino el de *Imperator.* Cuando murió, en 1725, ya existía la Academia Rusa de las Ciencias y estaba prevista la universidad, que Lomonósov puso en marcha en Moscú.

Catalina la Grande, que era princesa alemana, continuó por la senda que Pedro había trazado. Durante su largo reinado, de 1762 a 1796, la nobleza rusa adoptó el modelo francés; los nobles hablaban francés y reproducían en todo las maneras de la aristocracia europea. Para sostener esta transformación, Rusia reforzó el feudalismo, que en Europa occidental ya no era más que un mero nombre. Los enormes latifundios y la inmensidad misma de Rusia imponían la fijación de los campesinos a la tierra mediante contratos feudales.

La participación de Rusia en la Guerra de los Siete Años (1756-1763) junto a Austria y contra Prusia, así como la espectacular expedición de la flota rusa en el Mediterráneo de 1770, impresionaron a Europa. Rusia se había occidentalizado y Europa se había ensanchado. Al llevar sus fronteras a los Urales, descubrió su *alter ego*, distinto sin duda, pero familiar, aunque solo fuera porque la nobleza rusa imitaba a la francesa.

Desde Pedro el Grande –y, sobre todo, desde Catalina la Grande, hasta hoy–, Europa es Rusia y Rusia es Europa, su lado oriental, inmenso y misterioso. La participación de Rusia en la guerra de la segunda coalición antifrancesa en 1799-1802 llevó tropas rusas a marchar más allá del San Gotardo, y naves rusas a atravesar el Bósforo, a un paso del

Mediterráneo. En 1812 Napoleón fue detenido en Rusia. En 1814 las tropas rusas desfilaron en París. El emperador Alejandro I fue protagonista del Congreso de Viena e impuso la Santa Alianza. De esa manera se completaba la idea de Europa. Rusia contribuyó tanto a la autoconciencia cultural de Europa como a los descubrimientos geográficos[2].

La política imperial rusa fue un factor decisivo en el nacimiento de los Estados balcánicos, Serbia y Grecia, y condicionó los principados rumanos de Valaquia y Moldavia. En 1849, la Rusia de Nicolás I reprimió la revolución nacional húngara y puso orden en el Imperio austríaco de Francisco José. Tal vez fue demasiado lejos, y por eso, en 1853, con un pretexto banal, estalló la Guerra de Crimea.

Que Gran Bretaña y Francia se aliaran con Turquía con tal de oponerse al posible avance ruso en el mar Negro fue un hecho sin precedentes. La coalición contaba ya con la adhesión del reino de Cerdeña. Rusia perdió la guerra, y de ese trauma surgió una etapa de reformas, comenzando por la abolición de la servidumbre de la gleba en 1861, al tiempo que las ambiciones políticas se orientaban al Asia central.

Entretanto, en la intelectualidad rusa habían echado raíces dos corrientes culturales: los occidentalistas y los eslavófilos. Los primeros eran seguidores convencidos de Pedro el Grande y su orientación prooccidental, actitud que Pushkin representó de manera paradigmática. Los eslavófilos creían que la cultura rusa era profundamente eslava y esencialmente distinta de todo lo que distinguía a Europa

---

2. D. Groh, *La Russia e l'autocoscienza d'Europa. Saggio sulla storia intellettuale d'Europa*, Turín, Einaudi, 1980.

occidental. En absoluto oscurantistas, los eslavófilos conocían bien la lengua y la cultura francesa, la alemana y la italiana, pero, en su opinión, Rusia debía seguir su propio camino.

La Rusia de mediados del siglo XIX estaba en condiciones de lograr un equilibrio con Europa en el que tenía puesta la mirada desde hacía un siglo y medio. Sin embargo, la Guerra de Crimea –el ataque de Gran Bretaña, Francia y el Reino de Cerdeña a Rusia para evitar la caída de Turquía, antiguo enemigo de Europa– y la consecuente derrota de los rusos fueron acontecimientos traumáticos. Se produjo entonces un súbito enfriamiento en lo relativo a Europa, que había sido capaz de llegar a la guerra con tal de oponerse a las ambiciones rusas. El desencanto de parte de las capas intelectuales respecto a Occidente había dado paso a una actitud cultural que hacía de Rusia el foco de todo. En el lapso de un siglo, la élite había pasado de la total fascinación por Occidente a la aceptación distante y, finalmente, al rechazo.

En 1869, con su ensayo titulado *Rusia y Europa*, Nikolái Danilevski inauguró una corriente de pensamiento político según la cual Rusia, con su dimensión auténticamente continental, era autosuficiente. Lo que debía hacer Rusia era desarrollar su propia civilización, europea solo en parte. Para Danilevski, la empresa de Pedro el Grande, al imponer costumbres y valores europeos a un pueblo eslavo, forzó las cosas. Rusia debería haber reunido a los otros eslavos ortodoxos, incluidos los de los Balcanes, y reconquistar Constantinopla. En la misma línea que Danilevski, y con la idea de que Rusia tenía su propio ser, encontramos a Dostoievski y, más tarde, a otros pensadores políticos como

Leontiev, que en 1865 escribió el ensayo *El Este, Rusia y los eslavos*, en el que se reconocía que Bizancio era una matriz de la espeficidad rusa. Moscú no tenía otro destino que el de la tercera Roma.

La Revolución soviética, en un tiempo mitificada en sentido ideológico, se ve hoy como la toma del poder de los bolcheviques, pero también como un intento de transformar la modernidad. La Unión Soviética fue resultado de la ideología y de la convicción de hallarse a la vanguardia de cualquier otro modelo histórico, un país más avanzado incluso que el Occidente capitalista. Ni el aislamiento internacional, ni el socialismo en un solo país impidieron la introducción y la práctica que encarnaban la modernidad, como la industrialización en zonas remotas y la escolarización obligatoria que puso fin al analfabetismo, incluso en la lejanas provincias asiáticas.

A su manera, la Unión Soviética occidentalizó la parte asiática del país como jamás lo había conseguido el Imperio ruso. La Unión Soviética no es Rusia, pero, aunque con toda su excepcionalidad, no ha hecho más que repetir la singularidad de la experiencia histórica rusa. Eso hasta 1991. El colapso de la Unión Soviética y la difícil década de los noventa, en la que Rusia se cerró sobre sí misma a fin de transformarse y convertirse en un país capitalista, ha quedado como una divisoria de aguas.

La era de Vladímir Putin, que comienza en 1999, ha vuelto a cargar el énfasis en la especificidad rusa. Por lo demás, Rusia tiene una tradición imperial; más que un país, es un espacio geopolítico euroasiático. Como parte constitutiva del sistema occidental, al que proporciona materias primas y fuentes de energía, Rusia ha desarrollado en los últimos años una cultura política y una ideología a partir de su estatus de potencia global con características propias.

Incluso el Imperio otomano se había occidentalizado. Con casi un siglo de retraso y como consecuencia de la guerra contra Rusia, Gran Bretaña y Francia (1827-1828), Turquía, que ya tenía este nombre, dio inicio a un proceso conocido como *tanzimat*, esto es, la modernización del Imperio mediante la adopción de prácticas de tipo occidental, primero en el plano administrativo, luego también en el político. Fue una empresa gigantesca que, más que ninguna otra cosa, condujo a los Balcanes a la separación del Imperio y al endeudamiento financiero respecto de las potencias occidentales.

La Turquía en Europa (los Balcanes) ha sido aceptada como Europa por una parte de Europa a través de un largo recorrido y, como suele ocurrir con los largos recorridos, no de una vez, sino por etapas. Primero se reconoció a Grecia, país independiente a partir de 1830 y, por su pasado, símbolo de la cultura occidental. A esta le siguió el grupo de países cuya independencia se reconoció en el Congreso de Berlín de 1878: Serbia, Montenegro, Rumania y parte de Bulgaria. No eran todos los Balcanes. Bosnia y Herzegovina había sido ocupada por Austria-Hungría, mientras que la Turquía en Europa incluía Albania, Macedonia y Tracia. Aquí, ya desde 1840, hubo constantes intentos de adecuar el país a la modernidad de Occidente, pero a medida que pasaban los años, más dependiente de las potencias extranjeras resultaba el Imperio, sin acercarse en realidad a la vida de tipo europeo. Las guerras balcánicas de 1912-1913, el choque entre Grecia, Serbia, Bulgaria y Montenegro con el Imperio, pusieron fin al multisecular dominio otomano en Europa. La desotomanización fue radical y dramática.

La Primera Guerra Mundial fue para el Imperio una elección desastrosa, pues entre 1918 y 1920, bajo ocupación extranjera, se disgregó. El tratado de paz de Sèvres de 1920 redujo Turquía a una franja de tierra del tamaño de las posesiones de Osmán en el siglo XIV. Lo que cambió esta situación tan desesperada fue la reconquista encabezada por Mustafá Kemal, quien, tras salir victorioso de las batallas que libró, fundó un nuevo Estado, una república. El corte con el pasado fue drástico, más tajante que todo lo que hizo Pedro el Grande en Rusia. Había, además, que recuperar el tiempo perdido. Todo lo que la *Tanzimat* tuvo de ineficaz lo tuvo de revolucionaria la acción de Atatürk, el padre de los turcos.

La occidentalización de todo se convirtió en una transformación imprescindible: el alfabeto, el derecho, las instituciones, las costumbres, el laicismo. De esta manera, en 1930, todos los territorios entre Yugoslavia y Turquía otrora otomanos (y anteriormente bizantinos) en sus instituciones, estaban europeizados por completo, aun cuando las culturas tradicionales y las religiones siguieran siendo harina de otro costal.

A lo largo del siglo XX, Turquía observó rigurosamente el legado de Atatürk. Hoy Estado miembro de la OTAN, está integrada en el alineamiento occidental. En cada ocasión en que ha habido riesgo de apartarse de la ruta marcada por el padre de la nación, la institución militar, profundamente laica, ha intervenido con un golpe de Estado. Esto ocurrió hasta 2016, año en que el último golpe de Estado fue conjurado por el presidente Erdoğan.

Turquía, al igual que Rusia, tuvo sus occidentalistas y sus «anatolistas», que es como se conocía a los tradicionalistas conservadores en el plano de la vida civil y de la práctica religiosa. En las dos últimas décadas se habla de «nuevo otomanismo» para calificar la política exterior de la presidencia de Erdoğan, la de una Turquía que se proyecta entre los Balcanes, Siria y el Cáucaso hasta el Asia central y, más recientemente, en Libia. Se trata en realidad de espacios que pertenecieron al Imperio otomano. E incluso en este caso, Turquía se comporta como un país occidental, inserto en Occidente, pero orgulloso de su historia, de su posición específica entre dos continentes.

En Turquía, en Rusia y en los Balcanes, la historia ejerce una importante gravitación. Por la historia se va a la guerra. El espacio posbizantino parece hoy más consciente que nunca de su propio decurso. La segunda y la tercera Roma parecen haber resucitado.

# 4. La Europa del medio

El primer presidente de Checoslovaquia, Tomáš Garrigue Masaryk, hablaba de «Europa del medio» en referencia al conjunto de Estados nacionales, pequeños y medianos, que después de 1918-1920 quedaron en el espacio intermedio entre las grandes naciones de Europa occidental y la Unión Soviética, a saber: Finlandia, Estonia, Letonia, Lituania, Polonia, Checoslovaquia, Hungría, Rumania, Yugoslavia, Albania y Grecia.

Sin embargo, habría otra Europa del medio, la que ocupa una zona entre el Este y el Oeste europeos, en la que se suceden regiones disputadas por diversos Estados tanto en el pasado como en el presente. Se trata de una suerte de haz que atraviesa el continente desde el Adriático y el Egeo, pasando por regiones como Istria –dividida en la actualidad entre Italia, Eslovenia y Croacia–, Dalmacia –que se disputan Austria, Italia y Yugoslavia–, Bosnia y Herzegovina, Tracia, las islas Espóradas –donde Grecia y Turquía

nunca aceptaron sin tensión la línea fronteriza–, Macedonia –que se disputan Serbia, Grecia y Bulgaria– y Kosovo,
región histórica de Serbia, pero hoy en día Estado autopro-
clamado cuyo 90 % de la población es albanés.

Más al norte, una región compleja –de este lado del arco
cárpato– fue durante siglos la Transilvania, en la que convivieron húngaros, rumanos y alemanes, a la vez que católicos, ortodoxos, luteranos, calvinistas, unitarianos y judíos.
Se trata de un extraño acervo común para la complicada
Europa. Al otro lado de los Cárpatos, toda el área comprendida entre las antiguas regiones de Galitzia y Bucovi-
na, Volinia y Podolia, Zaporiyia, Crimea, Jedisan (la moderna
Odesa) y Besarabia, fue un conjunto único de fronteras entre estados e imperios que en el curso del siglo XX accedió
a la uniformidad en sentido nacional, en tanto parte de
Ucrania. Por último, el Báltico occidental, de Prusia a la
Carelia dividida entre Finlandia y Rusia, puede considerar-
se el brazo septentrional de esa Europa del medio.

En estas tierras, la reelaboración del pasado es difícil por
doquier e incluye esfuerzos por lograr una paz histórica e
historiográfica compartida.

## La tierra de los rencores

En los siglos XIX y XX, la Europa del medio se ha convertido en la tierra de los rencores. El problema primordial, que
tantas veces se ha analizado, estriba en que las ordenacio-
nes estatales no podían, ni pueden, coincidir con las nacionales, es decir, con la presencia de una única nación en el
territorio. En Europa occidental, esta superposición se da

en determinadas regiones: las crestas de Schleswig-Holstein (entre Alemania y Dinamarca), Alsacia (entre Francia y Alemania), Pirineos orientales (entre Francia y Cataluña), Istria (entre Italia, Eslovenia y Croacia), Carintia (entre Austria y Eslovenia), los Sudetes (entre Alemania y Chequia) y Silesia (entre Alemania y Polonia). En la Europa del medio de Masaryk, por tanto, la superposición es la regla y los contextos no plurinacionales, la excepción. Ante la liberación/ocupación de Europa central por el Ejército Rojo, el teórico político húngaro István Bibó, en su ensayo *Misères des petits états d'Europe de l'Est* -que se publicó en 1946, pero que solo alcanzó notoriedad en 1986-, habla de «pulverización de una civilización europea central»[1], fragmentación del corazón de Europa previo a la conquista soviética y que obedeció a los revanchismos y al irracionalismo nacionalista de los pequeños Estados europeos «del medio». Lo que para Masaryk era la nueva Europa, para Bibó era la Europa de la frustración de los Estados nacionales.

Sin embargo, los conflictos del siglo XX y las dramáticas migraciones que tuvieron lugar después de la guerra han conducido a situaciones más uniformes en el territorio, a una cierta homogeneidad, aunque -desgraciadamente- a costa de tragedias. Basta pensar en los nueve millones de alemanes (los supervivientes) que abandonaron Europa occidental en 1945-1947. El desplazamiento masivo de población afectó a todas las regiones -desde Istria y Tracia hasta Estonia- y a todas las naciones.

1. I. Bibó, *Miseria dei piccoli stati dell'Europa orientale*, Bolonia, Il Mulino, 1994.

En referencia a la región comprendida entre Polonia y Ucrania se habla de «tierras de sangre» expresión acuñada por Timothy Snyder, pues fueron sacudidas por el frente de la Primera Guerra Mundial, por el *Holodomor* –la escasez que llevó a la muerte a millones de ucranianos en 1932-1933–, por la Segunda Guerra Mundial y el exterminio de los judíos y, finalmente, por la rendición de cuentas durante la liberación protagonizada por el Ejército Rojo. Snyder calcula en 13 millones el número de víctimas[2].

## Entre el Báltico y el mar Negro

Al norte de los Cárpatos, en el espacio entre el Báltico y el mar Negro, los grandes ríos han sido los factores decisivos en la configuración de las regiones, los Estados y las fronteras. A partir del año mil, el Vístula representó el corazón de Polonia. En sus márgenes se levantan las ciudades más importantes, Cracovia, Varsovia, Toruń; desemboca en el Báltico, no lejos de Dánzig. El Vístula, junto con los Cárpatos, fue la frontera de la cristiandad latina medieval. Allende esa frontera estaba la Rusia de Kiev y luego la Horda Dorada. Otro río fundamental es el Dniéper, que atraviesa Smolensk en la Rusia de Nóvgorod; representó el eje de la Rusia de Kiev y discurre en la actualidad por notables aglomerados urbanos, como Mogilev, Kiev, Dnipropetrovsk y Zaporiyia. Su cuenca fue zona fronteriza para la Gran Lituania y luego para Moscovia.

2. T. Snyder, *Terre di sangue. L'Europa nella morsa di Hitler e Stalin*, Milán, Rizzoli, 2021.

Es una zona habitada por pueblos eslavos, divididos a su vez en católicos y ortodoxos, es decir, en polacos y rusos, bielorrusos y ucranianos, un conjunto de regiones que entre 1240 y 1772 se diferenciaban por pertenecer al reino de Polonia o al Gran Ducado de Lituania.

Polonia conoció su apogeo entre los siglos XVI y XVII, a pesar de lo cual, ya en 1621 perdió la Livonia marítima a favor de los suecos y sufrió en Podolia el ataque de los otomanos; por último, en 1648 estalló una crisis provocada por la insurrección de los cosacos ucranianos de Zaporiyia.

Durante años se había utilizado a los cosacos en la guerra de guerrillas fronteriza contra los otomanos. Algunas de sus incursiones por mar llegaron al Bósforo y Trebisonda. La cultura de los cosacos se centraba en la relación de fidelidad con el soberano, quien aseguraba su libertad a cambio de la vigilancia del territorio. Resentidos con Polonia, que en ese momento perseguía una política uniata con los súbditos ortodoxos, los cosacos de Zaporiyia establecieron una alianza con el Zar Alejo I.

En el tratado de Pereyáslav, que firmaron en 1654 el soberano ruso y el atamán cosaco Bohdán Jmelnitski, un legendario jefe ucraniano, se establecía la anexión de Ucrania a Rusia. Así las cosas, la rebelión se convirtió en un conflicto entre Rusia y Polonia, crisis que arrastró a la guerra también a Suecia y al elector de Brandeburgo, mientras los otomanos avanzaban en Podolia. Esta dramática situación militar de 1655-1660 se conoce en la tradición cultural polaca como «el diluvio» (título de una novela de Henryk Sienkiewicz) y se la considera tan importante como la ocupación alemana y la soviética de 1939. En 1660 se firmó la paz con Suecia; con Rusia, en cambio, la paz no fue posible hasta 1667.

La consolidación de Rusia en el Dniéper entre 1654 y 1667 transmutó la historia de las tierras ucranianas. La iniciativa de la expansión pasó a estar en manos de Moscú. En la historiografía, y en general en la cultura, los hechos han sido objeto de distintas interpretaciones según las épocas y las perspectivas nacionales, ya sea en clave más o menos filorrusa o filoucraniana, ya como demostración de la hermandad entre ambos pueblos, de la que hay pruebas desde 1654.

Todo lo que Rusia adquirió fueron tierras en gran parte deshabitadas, que a lo largo de centenares de kilómetros limitaban de un modo bastante incierto con el kanato de Crimea. Ni siquiera Pedro el Grande consiguió arrebatar el Estado a los tártaros, pese al éxito logrado en su lucha contra la hegemonía sueca en el Báltico. Pedro conquistó Livonia, con Riga, y Estonia, que en 1721 pasaron a estar bajo dominio ruso. En los mapas se observa que Ucrania se designaba como *loca deserta*. Aunque bajo soberanía rusa, durante todo un siglo los cosacos siguieron siendo sus verdaderos dueños.

La situación cambió con Catalina la Grande. En el primer reparto de Polonia, de 1772, Rusia se quedó con las regiones comprendidas entre los ríos Dniéper y Dviná. En el segundo, de 1793, con Minsk y la mitad de Podolia, hasta Ternópol; en el tercero, de 1795, con Curlandia y Lituania hasta el río Memel, frontera occidental de Prusia, o sea, Alemania. En 1783 Catalina II mandó anexar el kanato de Crimea a Rusia, que de esta manera conseguía la tan anhelada salida al mar Negro. En 1791, con el tratado ruso-otomano de Iaşi, el dominio ruso llegó al Dniéster. Toda la región, entre el Dniéster y el mar de Azov, recibió la denominación de Nueva Rusia. En 1783 se fundó Sebastopol, base naval, y en 1794 Odesa, emporio marítimo.

En 1809, Rusia había anexado Finlandia, provincia del reino de Suecia desde hacía siglos, y en 1812 se extendió a Besarabia, con lo que alcanzó el delta del Danubio. En 1815, el Congreso de Viena adjudicó el reino de Polonia a la Rusia de Alejandro I en calidad de Estado vasallo, lo que marcó el apogeo político y diplomático de San Petersburgo.

En el lapso de un siglo, Rusia había avanzado centenares de kilómetros hacia el oeste y hacia el sur, y lograba el control de dos amplios litorales, uno en el Báltico y el otro en el mar Negro. Suyo era lo más valioso del otrora reino de Polonia. Rusia era entonces la mitad de Europa, entendida esta como continente. No podía ir más allá, a no ser en los Balcanes para conquistar, tal vez, Constantinopla. Y lo cierto es que en dos ocasiones el ejército ruso emprendió el camino hacia Constantinopla: en 1829 llegó hasta Adrianópolis y en 1878 hasta San Esteban, a la vista de las antiguas murallas bizantinas.

La aversión a Rusia fue alimentada por las élites polacas, emigradas sobre todo después de la tremenda represión que ejerció el régimen zarista en 1831; mientras, por su lado, la política de los Habsburgo tendía a contener o evitar la difusión del paneslavismo de cuño ruso.

Sin embargo, ni en el Imperio austríaco, ni en el alemán, que vio la luz en 1871, se puso en cuestión la soberanía territorial de la Rusia zarista. Para la opinión pública occidental, los polacos, los lituanos, los letonios y los rumanos eran súbditos del emperador ruso. En cuanto a la tendencia a rusificar a los ucranianos, en la Galitzia austríaca los ucranianos –a los que allí se llamaba rutenos– tenían ocasión de practicar una rica vida cultural.

La Primera Guerra Mundial y la campaña militar de la Alemania guillermina y Austria-Hungría pusieron por primera vez en entredicho la frontera occidental de Rusia. ¿Hasta dónde tenían derecho los alemanes a avanzar? El historiador austríaco Heinrich von Srbik, autor de *Deutsche Einheit, Idee und Wirklichkeit*, no albergaba dudas acerca de que el límite occidental de Europa central discurriera a lo largo del eje Odesa-Riga.

El diseño de la frontera que se plasmó en el tratado de Brest-Litovsk entre las potencias centrales y los soviéticos a principios de 1918 reflejaba esta geografía imperial y nacionalista alemana. El hundimiento de los imperios centrales fue aprovechado por una Polonia rediviva, cuyas capas militares elaboraron una estrategia geopolítica y militar en el espacio conocido como *Intermarium*, entre el Báltico y el mar Negro. Una vez terminada la guerra, Francia promovió alianzas animadas por el antigermanismo y el antisovietismo. París se convirtió en referencia cultural para Bucarest, Varsovia y Belgrado, mientras que Viena, Berlín y Budapest, las metrópolis de unos años antes, se veían arrojadas a una dramática crisis social e identitaria.

La Unión Soviética de Stalin reasumió el papel de potencia euroasiática, lo que en septiembre de 1939 resultó evidente con la agresión a Polonia, poco después del ataque realizado por la Alemania nazi. Stalin llevó el Ejército Rojo hasta donde había llegado el territorio de la Rusia imperial. Mediante una serie de amenazas se apoderó de los Estados bálticos y en 1940 consiguió arrebatar a Rumania la Besarabia, que había perdido en 1918 y a la que rebautizó como

Moldova o Moldavia, a fin de crear confusión con el principado rumano del mismo nombre. Excepto Finlandia, que
resistió durante el invierno de 1939-1940, la Unión Soviética consiguió recuperar todo lo que había perdido en Brest-
Litovsk.

Como es obvio, la guerra con Alemania nazi, de 1941 a
1945, lo cambió todo, excepto la intención de Moscú de
conservar en su totalidad lo que había pertenecido a San
Petersburgo (o Petrogrado). El resto, es sabido, lo realizó el
Ejército Rojo, cuya apuesta, más allá de los límites imperiales rusos, incluía a Berlín y Praga. La bandera roja de los
soviéticos que cada 9 de mayo encabeza el desfile en la Plaza Roja de Moscú es la misma que flameó sobre el Reichs-
tag el 9 de mayo de 1945. Recuerda la máxima victoria soviética y rusa.

El giro de 1989 y el colapso de la Unión Soviética devol-
vieron la iniciativa política a los países de Europa central
sometidos en 1945. En enero de 1991 (la URSS aún con
vida), la Comunidad Económica Europea alentó la constitución del Grupo de Visegrado, del que forman parte Polonia, Hungría, Chequia y Eslovaquia (separadas en 1993).
Estos cuatro Estados, a los que se sumó Eslovenia, se incor-
poraron primero a la OTAN y luego en la Unión Europea
(2004). La ampliación al Oriente –que con el mismo proce-
dimiento involucró a Rumania y Bulgaria– se detuvo en
2013, tras la inclusión de Croacia.

La crisis ucraniana de 2014 no hizo más que confirmar
las fronteras de la UE a las puertas del antiguo espacio soviético y los Balcanes occidentales como enclave de la no
Europa. De 2016 data la *Three Seas Iniciative*, también conocida como *Trimarium*, foro integrado por doce Estados

por impulso de Polonia y Croacia, cuya ambición es estrechar la unión del espacio económico y social comprendido entre el mar Báltico, el mar Negro y el Adriático y que se asemeja en todo a la iniciativa *Intermarium* de Polonia después de 1918. Hoy pertenecen al *Trimarium* Estonia, Letonia, Lituania, Polonia, la República Checa, Eslovaquia, Austria, Hungría, Eslovenia, Croacia, Rumania y Bulgaria. Está claro que se trata de un antemuro contra Rusia.

## Los Balcanes

Que los Balcanes son lo que son debido al prolongado dominio otomano de la región es un lugar común[3]; de hecho, la percepción unitaria de la zona se remonta a la época de la conquista otomana. Rumelia era el nombre con que se designaba la tierra de los romanos –es decir, de los cristianos–, tierra que en el siglo XV iba de Tracia a Bosnia. Era un *eyalet* (una gran provincia) subdividido en sanjacados o distritos. Con el tiempo, Rumelia fue reestructurada. En 1530 se creó el *eyalet* del Archipiélago, que correspondía a la Hélade, el Peloponeso y las islas del Egeo bajo dominio turco; luego fue el turno del *eyalet* de Bosnia, una provincia fronteriza. La población se dividía por mor de la religión entre musulmanes, una minoría, y cristianos, ortodoxos y ampliamente mayoritarios. Había muy pocos católicos, presentes en Bosnia (croatas), en el área de Escutari (albaneses) y los conocidos como levantinos, presentes en

---

3. E. Ivetic, *I Balcani. Civiltà, confini, popoli (1453-1912)*, Bolonia, Il Mulino, 2020.

las ciudades más importantes, como Estambul, Salónica y Esmirna. La metrópolis –Constantinopla o Estambul– tuvo hasta el siglo XX una población no musulmana (griegos, armenios, eslavos, judíos) algo superior a la mitad del total.

Para poder gobernar el Estado otomano (*Devlet-i-osmaniye*) a partir de 1453 Mehmed II el Conquistador reconoció al patriarca de Constantinopla, le garantizó los privilegios en materia religiosa y le atribuyó la autoridad religiosa y civil sobre la población cristiana ortodoxa a tal punto que, en lo concerniente al derecho privado y civil para los cristianos, quienes juzgaban en primera instancia eran sacerdotes ortodoxos. Lo mismo hizo con los armenios y los judíos, para los que delegó la autoridad en los rabinos. Estas fueron las bases de la constitución de lo que en el siglo XIX se denominó *millet*, esto es, comunidades nacionales, cuyo principal rasgo distintivo no era tanto la pertenencia étnica como la religiosa.

Con el reconocimiento del patriarcado de Peć, en 1557, la Iglesia ortodoxa serbia tuvo su renacimiento. Su jurisdicción abarcaba una amplia superficie entre el Adriático y Hungría. En consecuencia, los Balcanes quedaron divididos entre la liturgia eslava de tradición serbia y la liturgia griega. Entre una y otra se hallaba la eparquía de Ocrida (Ohrid). La Iglesia ortodoxa búlgara, en cambio, no se renovó.

La islamización de la población balcánica fue más consistente entre los siglos XV y XVI, cuando comunidades enteras, incluida la nobleza, se convirtieron al credo musulmán. Menos significativa fue la incidencia de la inmigración de poblaciones islámicas, incentivadas por los otomanos.

Fue el caso de los tártaros y los circasianos a orillas del mar Negro, entre la desembocadura del Danubio y Tracia, pero también en Macedonia. Las migraciones internas en los Balcanes otomanos cambiaron el marco étnico de regiones enteras. Bajo dominio otomano, la dimensión urbana de los Balcanes se desarrolló de un modo hasta entonces desconocido. Las ciudades tenían en el centro la mezquita más importante y todas las instituciones anexas, como las madrasas, los caravasares para hospedar a las caravanas en tránsito, un mercado al aire libre y uno cubierto (bazar), la fortaleza con un contingente militar y varios cuarteles, o *mahalas*; cada *millet* tenía su *mahala*. Cada ciudad era un conjunto de *millets*, comunidades que vivían por separado, sin contaminaciones sociales, salvo en materia económica. Las ciudades eran sedes administrativas de los sanjacados; en ellas residían las autoridades islámicas, los muftíes, que, sobre la base de la *sharía*, el derecho coránico, zanjaban contenciosos; pero también había sacerdotes ortodoxos y rabinos.

La *pax* otomana se dio de hecho, a pesar de algunas revueltas de los cristianos en contextos fronterizos y el bandolerismo, más legendario que real. El sistema otomano había dado forma a las tierras balcánicas: ciudades, caminos, puentes, sitios todos ellos custodiados y cuidados. Las continuas guerras contra los Habsburgo habían involucrado a toda la población. Que la soberanía residiera en un sultán, un musulmán, no afectaba a las iglesias ortodoxas, griega y serbia, sino que era una mayor garantía del uniatismo que había caracterizado los últimos años del Imperio bizantino.

En el seno del Imperio otomano, los ortodoxos tenían asegurada la libertad de culto, aunque las iglesias debían ser pocas y no muy visibles. La tolerancia era notable; los judíos expulsados de España encontraron refugio en el Imperio otomano, que los acogió. El hecho de que fuera posible la subsistencia y la convivencia de distintas comunidades, separadas entre sí, pero todas reconocidas por la máxima autoridad soberana, el sultán, marcaba la diferencia de la sociedad otomana respecto de Occidente. Los griegos podían hacer carrera en la diplomacia otomana en calidad de dragomanes, es decir, intérpretes oficiales. El gran dragomán, cargo que ocupaban las mejores familias griegas fanariotas –es decir, del barrio de Estambul llamado Fanar–, era una especie de viceministro de asuntos exteriores.

En su período clásico, entre finales del siglo XV y finales del XVII, el Imperio otomano era un sistema en el que quien tenía talento podía mejorar su estatus, hacer carrera. Era un mundo profundamente imperial. Repartido en tres continentes, fue capaz de difundir el islam en los Balcanes de acuerdo con modalidades aceptables en esa región –por ejemplo, en lo referente al consumo de vino o de aguardientes (*raki*)– y de organizar un equilibrio social sin uniformar las pertenencias religiosas, sino más bien reforzando las especificidades. Fue también capaz de motivar a los serbios y a los griegos con sus respectivos patriarcados y papeles en el ámbito militar, en el diplomático y tanto en la marina comercial como en la militar. El sultán era el califa y tenía bajo su dominio los lugares sagrados del islam, pero, con convencida actitud posbizantina, garantizó también la ortodoxia, que no fue asediada por el uniatismo, como ocurría en Polonia y en el Gran Ducado de Lituania en relación con los rusos y los ucranianos.

Al llegar el siglo XVIII, los Balcanes fueron alcanzados por la nueva potencia habsburga. De retaguardia de las interminables guerras austro-turcas que habían sido, se convirtieron en una especie de bastión otomano.

En lo que fue el *eyalet* de Buda, situado en la actual Hungría central, tuvo lugar una feroz desotomanización con la expulsión y conversión de los musulmanes, así como la destrucción de todo lo que recordara al islam, empezando por los minaretes y las mezquitas.

Los Balcanes quedaron al margen de la circulación europea. El hecho de ser doblemente fronterizos –para los otomanos que se dirigían a Europa y a la inversa– terminó por cerrar la región sobre sí misma. En el caso de los serbios, se crearon a lo largo de la frontera situaciones en las que la comparación entre uno y otro mundo, el europeo y el turco, era inevitable. En las ciudades de Hungría meridional, la burguesía serbia, a excepción de la confesión religiosa, no se distinguía en nada de los alemanes que allí se habían reunido. Los edificios de culto de Sremski Karlovci, el nuevo centro de la Iglesia serbia, eran de tipo europeo, con campanarios con formas de bulbo.

Frente a esa Europa, rica y eficiente, en los Balcanes fue creciendo el contraste entre cristianos ortodoxos y musulmanes. Las insurrecciones y las guerras de liberación antiotomanas no eran solo de naturaleza política, sino también religiosa y social. Tras treguas y tratados, los musulmanes se vieron obligados a abandonar sus propiedades. En una sociedad rural, la expulsión del vecino turco ofrecía una oportunidad. Las guerras de 1875-1878 –esto es, las insurrecciones serbias en Bosnia, la guerra serbio-turca, la insurrección búlgara, las atrocidades turcas contra los búlgaros y, finalmente, la Guerra Ruso-turca– se vieron acompañadas de violencias y de la persecución y expulsión de los musulmanes. Lo mismo ocurrió durante las guerras balcánicas de 1912-1913, que fueron al mismo tiempo guerra de liberación y rendición de cuentas con el Imperio otomano y con todo lo que lo encarnaban.

Bosnia y Herzegovina quedó exenta de todo esto porque en 1878 fue ocupada por Austria-Hungría. Viena fue una garantía para la población musulmana, que gracias a ello vivió en paz hasta la Primera Guerra Mundial y el advenimiento de Yugoslavia, país que también reconoció a los musulmanes la libertad de creencia y la ley coránica. Esta situación se mantuvo hasta la llegada de la Yugoslavia socialista, que prohibió el velo, pero convirtió a los musulmanes en nación. Pero ni toda la modernidad, ni todo el decurso civil por tres Estados y sistemas políticos, fueron suficientes para evitar también aquí la rendición de cuentas entre serbios, musulmanes y croatas en 1992-1995.

Este último conflicto confirmó que las fronteras de los Balcanes no solo son regionales, sino que implican a las comunidades, lo cual es parte del legado otomano, de índole cultural, costumbrista y, tal vez, incluso mental. Pero también es preciso decir que todo lo que las pertenencias tenían de irrelevante en el sistema otomano, lo tienen de problemático en un Estado nacional moderno. Se trata de un problema que ha vuelto a presentarse en Kosovo y en Macedonia del Norte, y que está aún latente en Bosnia y Herzegovina.

# 5. Kaliningrado, Odesa, Sarajevo

Las ciudades de la Europa del medio fueron, durante siglos, lugares en los que convivieron comunidades con diferencias de orden lingüístico, religioso y confesional. En la
práctica era norma que las comunidades fundadoras de
la ciudad fueran distintas de las que ocupaban el territorio.
Es lo que se encuentra cuando se avanza hacia el este y el
sur desde Viena o hacia el este y el norte desde Cracovia y
Varsovia, pero también en el Báltico, en las ciudades de
fundación imperial en Rusia y en las ciudades otomanas
de los Balcanes.

Al igual que en otros lugares de Europa, el dualismo ciu-
dad-campo era de naturaleza institucional, social, económica y cultural. Se trataba de distintas funciones. Además, en
Europa del medio era frecuente el dualismo lingüístico, o
sea, la diferencia entre el habla de los habitantes de la ciudad y la de quienes vivían en zonas rurales, diferencia más
marcada en regiones cercanas al mar, tanto en el Adriático

occidental como en el Báltico, pues el mar establecía lazos entre comunidades lejanas a la vez que las distinguía de sus territorios circundantes. Pero lo mismo ocurría cuando la ciudad era el centro político y administrativo, y el soberano, aparte del latín, tenía otra lengua, o bien cuando la ciudad estaba habitada por comunidades enteras con lengua propia, como las comunidades judías asquenazi, que hablaban en yidis.

Las combinaciones de ciudad y campo varían de acuerdo con los distintos contextos regionales: italianos y eslavos (eslovenos y croatas) a lo largo de las costas de Istria y de Dalmacia; alemanes y eslovenos entre Carniola y Estiria meridional; húngaros y croatas en Eslavonia, a partir de Zagreb; húngaros y eslovacos en Presburgo o Bratislava; alemanes, húngaros y rumanos en Transilvania; polacos, judíos y ucranianos en Galitzia, Podolia y Rusia blanca; alemanes y polacos o bien alemanes y lituanos, letones y estonios en las costas bálticas occidentales. Y por doquier, variables en magnitud, pero puntuales, las comunidades de judíos. En los Balcanes, el dualismo terminaba siempre con mayoría musulmana; aquí la ciudad se caracterizó durante siglos por la gran cantidad de minaretes y por las normas de derecho coránico, de las que quedaban exentos los *millet* cristianos.

Ciudad y campo son ámbitos complementarios, interdependientes. La diversidad entre las comunidades se supera mediante las conveniencias recíprocas, una actitud pragmática que lleva a negociar espacios y roles. Las ciudades eran organismos necesarios para el comercio, el intercambio y los servicios, pero no eran absolutamente imprescindibles en la Europa del medio y mucho menos aún en Europa occidental o en Rusia, donde vastísimas zonas carecían de centros urbanos, al menos tal como se los entendía en Europa occidental. En este sentido, resulta reveladora la geografía de las universidades, que en el siglo XV brillan por su ausencia al este de Cracovia y Viena. Es preciso esperar a finales de siglo XVI para que vean la luz los centros de estudio de Vilna y de Graz, creados por los jesuitas con la intención de llevar la confesión católica al Oriente ruso y otomano.

El siglo XIX, con su modernidad y la transformación desde el punto de vista nacional, dio un vuelco a la vida civil en las ciudades centroeuropeas. En la Universidad de Praga se terminó por adoptar el alemán y el checo como lenguas de estudio, y lo mismo ocurría en la temporada de ópera; los coros, las escarapelas, los escudos de armas, todo se manifestaba en clave nacional. La era del asociacionismo, entre 1880 y 1914, profundizó las raíces nacionales en las ciudades y en las relaciones entre estas y el campo. Las dos guerras, la persecución de los judíos, el advenimiento del comunismo y el éxodo de masas incompatibles desde el punto de vista nacional convulsionaron definitivamente la Europa del medio. Hubo cambios de nombres, los burgueses se marcharon y fueron sustituidos por otros habitantes, de origen rural o en todo caso extraño y lejano, incentivados por el régimen.

A lo largo de la divisoria de aguas Este/Oeste, casi todas las ciudades parecen desarraigadas de su historia. Esta es la diferencia más importante de la Europa del medio respecto de la Europa occidental, donde Lisboa es Lisboa desde hace siglos, lo mismo que Lyon, Ginebra, Edimburgo, Groninga, Estocolmo, Múnich, Milán y todas las demás. Todas tienen su continuidad cultural.

Las historias generales no consiguen resumir el significado de las convulsiones urbanas que han sacudido los lugares donde tuvo su origen la Europa occidental. A continuación nos ocuparemos de los casos de tres ciudades vigorosamente deseadas por sus fundadores, tres destinos con muy diferentes finales en la frontera entre Este y Oeste. En Kaliningrado se percibe un desarraigo absoluto; en Sarajevo, una increíble persistencia de su esencia a pesar de todo, y en Odesa, en cambio, se aprecia una especie de término medio entre esos dos extremos.

## Kaliningrado

Lo hemos aprendido en las clases de filosofía. Immanuel Kant era tan puntual a la hora de ir a la universidad, que su paso les servía a los comerciantes para ajustar sus relojes. Y sabemos que Kant enseñaba en la Universidad de Königsberg. Allí escribió sus obras. Königsberg es y no es una ciudad. Existe en la historia cultural de Europa y no existe en la realidad. A partir de 1946 se convirtió en Kaliningrado, una ciudad soviética, hoy rusa, capital del *óblast* homónimo, enclave de Rusia y enclave de la Unión Europea, entre Lituania y Polonia.

Kaliningrado tiene más de 400.000 habitantes, está situada al fondo de la laguna del Vístula y la atraviesa el río Pregolya (Pregel, en alemán). En la época soviética fue un centro industrial y polo para los hidrocarburos. Dista unos 40 kilómetros del mar, razón por la cual se la ha unido a su puerto histórico de Baltijsk mediante un canal navegable y una vía férrea. En el corazón de una gran envoltura soviética, que subsiste en el nombre de las calles, pueden verse fragmentos de la ciudad histórica, los edificios que han sobrevivido y los que han sido reconstruidos (como la catedral, el castillo, la puerta de Brandeburgo). El antiguo tejido urbano, en cambio, ha sido arrasado por calles, carreteras sobreelevadas y parques, cuyo verde se mezcla con la arquitectura soviética y neorrusa.

A orillas del Pregoly hay una serie de museos; en el río, atracadas, naves que hicieron posible expediciones científicas, incluso un submarino soviético. En los extensos suburbios la ciudad presenta una fisionomía predominantemente industrial y proletaria, que es su rasgo distintivo a partir de 1946. Todo lo anterior a este año quedó interrumpido en seco. Incluso en las enciclopedias, Kaliningrado aparece como una entrada independiente de Königsberg –la misma ciudad, pero anterior en el tiempo–, como si fuese algo completamente distinto.

Königsberg, la colina del rey, fundada en 1255 como puesto de avanzada y fortaleza de la Orden Teutónica, recibió el nombre en honor a Ottokar de Bohemia. Se hallaba en tierra de prusios (llamados también borusios), pueblo báltico que mucho después se germanizó. Königsberg gravitaba en la constelación de las ciudades hanseáticas, punto de convergencia de las vías terrestres y los transportistas del Báltico. Tenía fácil comunicación con Dánzig, Greifswald y Lübeck. Fue un centro importante en la historia alemana. En 1466, con la Paz de Thorn, que pidió Polonia, se dividió en dos partes. En la occidental (Königsberg), la Orden Teutónica estableció en 1467 la residencia del Gran Maestro. En 1525, cuando Alberto de Hohenzollern, gran maestro de la Orden, se adhirió al luteranismo, Prusia

Oriental se convirtió en un ducado secularizado, tributario del rey de Polonia, y Königsberg en su capital. En 1544, el duque Alberto de Brandeburgo fundó allí la universidad.

En 1660 tocaron a su fin los vínculos formales con Polonia. En Königsberg, Federico I se hizo coronar rey y proclamó el reino de Prusia en 1701. Aquí nacieron Immanuel Kant, el propio Federico I de Prusia, el escritor romántico Ernst Theodor Amadeus Hoffman y muchas otras figuras ilustres, entre ellas el político socialdemócrata Otto Braun y Lea Rabin, la mujer del conocido estadista israelí. A lo largo del siglo XIX la ciudad se desarrolló como lugar de tránsito para los cereales de Rusia. En 1910 tenía más de 245.000 habitantes y en 1939 superaba los 370.000.

Königsberg fue capital de Prusia Oriental y la más occidental de las ciudades de Alemania. Con el nazismo se persiguió a los judíos y durante la guerra se los eliminó por completo. A partir de 1944 la ciudad fue repetidamente bombardea por los aliados. En enero de 1945 fue sitiada por las tropas soviéticas, a las que resistió hasta el mes de abril. El asalto definitivo se produjo entre el 6 y el 9 de ese mes. Fue un choque dramático que dejó decenas de miles de soldados alemanes muertos y otras tantas vidas de civiles. Repetidamente castigada por la artillería soviética, Königsberg quedó destruida en más del 80 %.

No era la primera vez que los rusos llegaban a Königsberg. Ya en la Guerra de los Siete Años, una guarnición rusa había ocupado la ciudad durante un lustro (1757-1762) mediante una operación negociada con las autoridades municipales. Pero en esta oportunidad las cosas fueron distintas; lo único que quedó de la ciudad fue su cadáver. En Potsdam se decidió, en 1945, dividir Prusia en dos partes.

Se atribuyó la sección meridional a Polonia, mientras que la septentrional quedó para la Unión Soviética. Los alemanes abandonaron toda la región.

Rebautizada como Kaliningrado en honor al revolucionario ruso Mijaíl Kalinin, la ciudad fue repoblada con gente procedente de toda la Unión Soviética. En la actualidad, la vida cultural es allí muy intensa. En el edificio de la universidad histórica tiene su sede la Universidad Federal Báltica Immanuel Kant, nombre que recibió en 2005, donde se encuentra la estatua del filósofo, reconstrucción idéntica a la que se perdió en 1945.

Königsberg es una de la muchas ciudades limítrofes víctimas de su condición de frontera nacional y a la vez premio por una victoria, al igual que Esmirna y las ciudades istrianas, donde permanecen los edificios, pero poco más. Así son las cosas, y es imposible volver atrás. Mediante un corredor en territorio lituano, Kaliningrado se conecta con Bielorrusia y, por tanto, con Rusia. La guerra de 2022 ha vuelto muy difícil la situación de la ciudad.

## Odesa

Al igual que San Petersburgo, Odesa expresaba el anhelo de mar de Rusia, pero mientras que la primera, nacida por voluntad de Pedro el Grande, brindó a la Rusia continental la posibilidad de tener un puerto por capital, Odesa fue el emporio del mar Negro, que era el Sur para la Rusia imperial. Odesa, la de noble nombre, evocaba el antiguo Ponto griego; en ella convergían el pasado imaginario y la modernidad de una Rusia que tendía a expandirse hacia el Mediterráneo.

En el lugar que ocupó Odesa había una fortaleza otomana, construida a poca distancia de la desembocadura del Dniéster para contrarrestar a los cosacos de Zaporiyia, que terminaron por conquistarla, y más tarde, en 1789, pasó a manos rusas. El sitio era propicio para la construcción de un puerto, de modo que, con la característica determinación de la ingeniería del siglo XVIII, una vez obtenido el visto bueno del gobernador de Nueva Rusia, el general De Ribas dio comienzo a las obras. El nombre de la ciudad fue sugerido por la Academia de Ciencias de Rusia. En 1795 aparece por primera vez el nombre de Odesa, pequeña villa de algo más de 2.000 almas. Veinte años después, en 1813, contaba con 35.000 habitantes. Fue su gobernador el duque Armand du Plessis de Richelieu, noble francés que había emigrado a causa de la Revolución.

La estructura urbana de Odesa, de tipo ortogonal, expresa la racionalidad y el espíritu propios de Richelieu. Odesa es completamente europea y, lo mismo que San Petersburgo, una sublimación de lo que se entiende por «europeidad». Es en realidad muy fuerte el contraste entre Odesa y el Yedisan otomano, lugar de paso y de operación de avanzadillas turcas y tártaras.

Ciudad cosmopolita (hasta mediados del siglo XIX el italiano se impuso como lengua franca, lengua de mar, tal como ocurría en el Mediterráneo), durante la guerra de Crimea Odesa fue bombardeada por la flota franco-británica en 1854. En 1865 tuvo una universidad y en 1866 se conectó a la red ferroviaria que le permitía llegar a Moscú y a San Petersburgo. Durante todo el siglo XIX experimentó un constante crecimiento demográfico y económico. La ciudad se destaca por sus calles arboladas y la amplitud de sus jardines públicos y privados, así como por el gran número de casonas, teatros y bibliotecas.

Son famosos los incidentes de junio de 1905, año de revolución. Los obreros del puerto se levantaron en protesta y se solidarizaron con los marineros del Acorazado *Potemkin*, que se alejó de la costa y bombardeó varias veces la ciudad antes de verse obligado, en Constanza, a rendirse por falta de aprovisionamiento. La mitología del *Potemkin* fue magnificada por la propaganda soviética en la famosa película de Sergei Eisenstein de 1925. La escalinata de mármol de doscientos peldaños que baja del bulevar al puerto, símbolo de Odesa mucho antes de 1905, ha recibido el nombre de Potemkin, y a los marineros del acorazado se les dedicó un monumento imponente. Menos se recuerda el pogromo que padecieron los judíos, ese mismo año de 1905, que provocó la huida de 80.000 personas sobre una población de 400.000 almas.

Entre 1918 y 1920 Odesa vivió su momento de mayor turbulencia. Primero estuvo bajo los bolcheviques; luego sufrió el bombardeo de la escuadra francesa y fue ocupada por un cuerpo expedicionario mixto formado por franceses, polacos, griegos y serbios; más tarde pasó a depender nuevamente del poder bolchevique hasta la llegada de las fuerzas blancas del mariscal Denikin, la posterior rendición de estas y la integración en la URSS. Ciudad rusa y cosmopolita, terminó en la Ucrania soviética.

En la campaña militar de 1941, Odesa fue sitiada por tropas alemanas y rumanas. Resistió entre agosto y mediados de octubre. Hubo muchas víctimas civiles, así como multitud de bajas entre los agresores. Ocupada, la ciudad formó parte de la Transnitria rumana hasta abril de 1944, en que fue liberada por el Ejército Rojo.

En la actualidad, Odesa cuenta con casi un millón de habitantes y es un gran centro industrial y cultural de Ucrania. En tanto ciudad de frontera que es, siempre ha sabido adaptarse a esta condición. A pesar de la influencia soviética, se impone por su naturaleza señorial y parece tener mayor capacidad que otros sitios para superar el dramático 2022, sea cual fuere el final.

## Sarajevo

Recorrer Bosnia de noche por carreteras tortuosas a través de la oscuridad de los bosques de abetos puede obsequiarnos con el halo de luz que en la lejanía anuncia a Sarajevo. Sarajevo es esta luz en la oscuridad de los Balcanes, tan tórridos y luminosos en verano como oscuros y fríos en invierno. ¿Qué ocurrió para que la misma ciudad que en 1984 albergó los Juegos Olímpicos de Invierno, solo ocho años después fuese sitiada, bombardeada y desfigurada? ¿Cómo es posible? ¿Dónde estamos? Todo el mundo se ha hecho estas preguntas.

Hemos olvidado la angustia y el estupor de los años 1992-1995, que en Bosnia sacaron a la luz lo peor de la humanidad. Nos hemos habituado a lo peor. Hemos aprendido que la guerra termina por convertirse en noticia de tercer nivel, que es un negocio, que la gente común es la que paga las consecuencias, que el conflicto no aporta beneficios ni ventajas económicas, sino únicamente rencores.

Sarajevo es una ciudad turca enclavada en plenos Balcanes. Es cierto que los bosnios no son turcos, pero no es menos cierto que se sienten orgullosos de la civilización otomana y de todo su legado; a ella han confiado su identidad. El resto es historia de los Balcanes. Sarajevo nace aproximadamente en 1460, pocos años después de la llegada de los turcos, como Bosna Saraj, o sea, «Palacio de Bosnia». La pequeña ciudad, *kasaba* («casba»), se había desarrollado a lo largo del curso del Miljacka, afluente del Bosna. De simple *kasaba* pasó a ser la ciudad más grande del *eyalet* de Bosnia, al punto de llegar a los 60.000 habitantes y tener muchas mezquitas, según cuentan viajeros del siglo XVII. De 1530 data la mezquita de Gazi Husrevbeg, una de las más importantes de los Balcanes y emblema de la ciudad.

Tras dos siglos de calma y prosperidad, en 1697 Sarajevo fue tomada e incendiada por las tropas austríacas al mando del príncipe Eugenio de Saboya. Las llamas devoraron las casas balcánicas otomanas, que eran de madera. El siglo XVIII transcurrió sin conflictos, pero no quedó exenta de repetidas epidemias de peste bubónica que castigaron a Bosnia y a Sarajevo. No obstante los altibajos demográficos, esta ciudad, tan bosnia y en diversos sentidos anatólica, tuvo un siglo XIX tranquilo, a pesar de las insurrecciones que sacudieron a Bosnia, bien de musulmanes contra el poder central, o de serbios ortodoxos que se oponían a los gobiernos otomanos. El único momento difícil fue el de la ocupación austríaca de 1878. Viena no quería violencias ni derramamiento de sangre, pero ni los notables ni la población musulmana estaban dispuestos a aceptar una autoridad cristiana después de cuatro siglos de historia vinculada a Estambul. Tras dos meses de negociaciones, la ciudad cedió a cambio de una serie de garantías.

La política de Viena consistió en promover la identidad bosnia, en la que quedaban comprendidos los serbios ortodoxos, los croatas católicos y los musulmanes, pero pese a interesantes esfuerzos realizados en el plano cultural, el intento no dio resultado. Las brechas nacionales y confesionales entre croatas y serbios ya eran insuperables, mientras que los musulmanes dieron muestras de ser súbditos fieles incluso durante la Primera Guerra Mundial. Por lo demás, el sultán había tomado partido a favor de las potencias centrales. Viena se dedicó a construir edificios a su imagen y semejanza, pero también aplicó el estilo neomorisco, como se aprecia en el simbólico edificio de la Biblioteca Nacional –cañoneado y quemado en 1993– con el fin de subrayar la especificidad cultural musulmana de sus nuevas periferias balcánicas. Algún historiador habla de colonialismo. Más que ninguna otra cosa, lo que 1878 y luego 1914 pusieron una vez más de manifiesto fue la estrategia habsburga de expandirse al sudeste, de completar su imperio en los Balcanes. En 1882, el Tribunal Supremo aceptó en Viena la aplicación de la *sharia*, el derecho coránico, en las querellas civiles. Entre los musulmanes, el consenso fue total.

Sarajevo siguió siendo una ciudad de carácter otomano, expresión de un otomanismo tolerante, pero no sumiso. Para quien la conoce bien, resulta realmente extraordinario, excepcional, que en sus calles llegara a cometerse el acontecimiento que marcaría el siglo, el atentado de Gavrilo Princip contra Francisco Fernando de Austria y su consorte el 28 de junio de 1914. Al fin y al cabo, si se analizan todos los detalles de lo sucedido, se advierte que fue una pura casualidad, un conjunto azaroso de coincidencias. Pero da igual. Lo cierto es que fue suficiente para provocar el estallido de una guerra mundial; y no es casual que se utilice la expresión «atentado de Sarajevo» con la connotación de una acción de consecuencias inimaginables.

En comparación con otras ciudades de la Europa del medio, Sarajevo tuvo suerte. En general, salvo en 1697, las guerras la evitaron. Los acontecimientos la han conducido sin traumas del Imperio otomano a la Austria-Hungría respetuosa de las religiones y después a la Yugoslavia respetuosa de las identidades nacionales. Pero la buena suerte no es eterna. Sarajevo tiene sus límites en el medio que la circunda: la montaña, territorio de ortodoxos, de serbios. Las bocas de los cañones apuntadas contra la ciudad, del mismo modo que los fusiles de los francotiradores, que se ven en tantas películas, son testimonio de un choque en el que no falta quien ha creído ver elementos antropológicos, el enfrentamiento entre montaña y ciudad.

Finalmente, Sarajevo está aquí con nosotros. Menos multicultural de lo que se afirma con demasiada retórica, más musulmana, pero coherente con su historia. Sigue siendo un caso raro si se tiene en cuenta la suerte que han corrido las ciudades a lo largo de la falla Báltico-mar Negro. Los Balcanes, a los que se ha caracterizado como violentos e inmersos en una situación aún sin resolver y capaz de provocar una vez más la desestabilización de Europa, han tenido tragedias, sin duda, pero también han sabido no perder su propio pasado.

# 6. Yugoslavia imposible

La historia de Yugoslavia es paradigmática de cómo pueden ser la vida y la muerte de un Estado inserto en la frontera entre mundos diferentes. Hay otros Estados europeos situados en la frontera, como Finlandia, Polonia y Ucrania, pero en el caso de Yugoslavia, la falla que separa el Este del Oeste de Europa partía por la mitad al propio país. No pasaba por él una frontera, sino todo un tejido de fronteras que aún hoy sigue ejerciendo su influencia. Es la línea divisoria entre el Imperio romano de Occidente y el de Oriente, la frontera del Sacro Imperio romano, el linde entre catolicismo, ortodoxia y el islam, el *limes* entre el Imperio otomano y el de los Habsburgo, el lugar de paso entre los Balcanes y Europa central y, por último, en la actualidad, lo que separa la Unión Europa de los Balcanes occidentales.

A pesar de que la población instalada entre el Adriático y el Danubio hable un mismo idioma –en sentido lingüístico– con tres denominaciones distintas, a pesar de la frecuente afirmación de que dicha población constituye un único pueblo, aquí, como en ningún otro lugar de Europa, los legados de las diferentes historias y las distintas civilizaciones –la bizantina, la otomana, la centroeuropea habsburga y húngara y, no menos importante, la veneciana en la costa adriática– siguen vivos y continúan reflejándose en las relaciones entre los pequeños Estados posyugoslavos.

La broma de Winston Churchill, según la cual los Balcanes han producido más historia de la que han conseguido reelaborar, no carece de fundamento. Tantas son las fallas culturales, religiosas y confesionales en el seno mismo de los Estados posyugoslavos y entre ellos, que la lengua resulta ser el menor de los obstáculos en las relaciones entre Croacia, Serbia, Bosnia y Herzegovina y Montenegro. La propia historia de Yugoslavia, que fue un continuo intento de superar las fronteras entre mundos distintos y las divisiones de la historia, sigue siendo ella misma un legado a cuyo propósito no pasa un solo día sin alguna disputa.

## Cordero negro, halcón gris

Yugoslavia nació el 1 de diciembre de 1918 en Belgrado como Reino de los Serbios, los Croatas y los Eslovenos (*Kraljevina Srba, Hrvata i Slovenaca*, SHS) y no recibió el nombre de Yugoslavia hasta 1929, aunque su uso estaba ya muy extendido. Yugoslavia murió tres veces: en 1941, en 1992 y luego, definitivamente, en 2003[1]. A las generaciones

---

1. M. J. Calic, *A History of Yugoslavia*, West Lafayette, Ind., Purde University Press, 2019.

que nacieron con el nuevo milenio les cuesta imaginar cómo pueden haber sido estas vicisitudes tan singularmente europeas. En nuestro siglo XXI, con la aceleración de la historia, se aparecen como un fantasma que sobrevuela los Balcanes. En el espacio yugoslavo, para las generaciones más viejas representan un término de comparación entre un antes y un después, la dimensión perdida, bien la nostalgia, o el pasado del que huir.

Desde el punto de vista nacional, Yugoslavia fue un Estado compuesto desde su fundación. En 1918 era el país de tres pueblos: croatas, serbios y eslovenos. En 1970, las identidades nacionales pasaron a ser a seis: eslovenos, croatas, serbios, montenegrinos, macedonios y musulmanes, hoy bosnios; había además otras minorías, la más numerosa de las cuales era la albanesa, mayoritaria en la región autónoma serbia de Kosovo. En consecuencia, podemos decir que Yugoslavia ha multiplicado sus propias nacionalidades, tal vez por su emplazamiento entre los Alpes, el Danubio, el Adriático y Macedonia, entre Europa central, el Mediterráneo y los Balcanes. Fue un conjunto de periferias geográficas e intersección de periferias otrora imperiales.

Cuando el 28 de junio de 1914, Gavrilo Princip, militante de la Joven Bosnia, disparó y mató a Francisco Fernando, no lo hizo en nombre de Serbia, sino de la idea de Yugoslavia. Eso sirvió de pretexto para justificar una tercera guerra balcánica que Austria-Hungría deseaba declarar a Serbia, lo que a su vez desencadenó una guerra mundial. Rebeca West viajó a Yugoslavia en 1937 para comprender la naturaleza de los pueblos yugoslavos y encontrar explicación a la acción de Princip, a quien consideraba responsable de la tragedia, porque, a juicio de esta autora, en Sarajevo se inició el ocaso de la mejor Europa. Escribió una obra maestra de la ensayística de más de mil páginas titulada *Black Lamb and Grey Falcon. A Journey through Yugoslavia*[2]. El cordero negro y el halcón gris son símbolos de la especificidad, cuando no de la unidad, de lo que West pensaba que era el pueblo yugoslavo. Bajo todos los sedimentos de civilización, había en él algo de ancestral, algo que escapa a cualquier explicación erudita.

Princip murió en abril de 1918. No vivió lo suficiente para ver que la Gran Guerra castigaba y destruía a Austria-Hungría y a la Alemania imperial, y que la caída de Europa central en 1918 daba a los eslavos meridionales ciudadanos de los Habsburgo la oportunidad de convertirse en un Estado. Entre junio de 1914 y diciembre de 1918, el decurso hacia la realización de Yugoslavia fue en todo momento muy azaroso, se diría que improbable. En comparación con la unificación de Italia y de Alemania, Yugoslavia no habría surgido de no haber habido Primera Guerra Mundial y la consecuente reorganización general de Europa. Lo mismo sucedió con los Estados Bálticos, Checoslovaquia y la rediviva Polonia. Sin embargo, el hecho de que las naciones que la constituían –serbia, croata y eslovena– ya estuvieran formadas y bien definidas, imprimía a la hipótesis de una nación yugoslava el sello de tardía, de extemporánea. Para Yugoslavia era imposible convertirse en un Estado-nación, a pesar de la vitalidad con que el yugoslavismo racial latía entre los partidarios más jóvenes del mito yugoslavo.

La primera Yugoslavia nació de la conjunción de Oriente y Occidente, entre Centroeuropoa y los Balcanes. En ella

---

2. R. West, *Black Lamb and Grey Falcon. The Record of a Journey through Yugoslavia,* Londres, Macmillan, 1941.

entraron el Reino de Serbia, el Reino de Montenegro y las provincias eslavas meridionales de Austria-Hungría. Serbia había salido victoriosa de la Primera Guerra Mundial; los eslovenos, los croatas, pero también los serbios que eran súbditos de los Habsburgo, habían luchado del lado derrotado. En el nuevo reino confluyeron doce administraciones provinciales distintas y trece sistemas jurídicos –otrora serbios, montenegrinos, otomanos, húngaros y austríacos–, dos lenguas y dos alfabetos oficiales.

Era un país extremadamente rural, con buena parte del territorio cubierta de relieves montañosos y una de las peores infraestructuras institucionales de Europa. Zagreb y Belgrado estaban unidas únicamente por ferrocarril; a mitad de camino entre estas ciudades ambientó Agatha Christie *Asesinato en el Oriente Express* (1934). Era un país compuesto por naciones y pequeños pueblos aún por comprender y nacionalizar. Hasta los años sesenta los medios de información no descubrieron a los goranis, serbios musulmanes aislados en los valles de Kosovo meridional, en la frontera con Albania. Era un país más por comprender e imaginar que por realizar. Es poco conocida la circunstancia de que hasta 1941-1945, más de medio millón de alemanes, probablemente el estrato de mayor estatus, vivía en los territorios otrora habsburgos, desde Maribor (ciudad predominantemente alemana) al Banato, en la frontera con Rumania. También era numerosa la comunidad húngara, que se concentraba en Voivodina.

Durante el siglo XX, no obstante el crecimiento de las ciudades más importantes –Belgrado se vio particularmente beneficiada por la inmigración zarista–, tanto el campo como la montaña distaban mucho de cualquier modernización.

En la parte balcánica del Estado la población era prácticamente analfabeta y permanecía encerrada en la vida patriarcal tradicional, que, por no hablar de la religión, tenía a las mujeres en un estado de total subordinación. Muy pronto fue evidente para los súbditos de los Habsburgo que estos Balcanes, equivalentes a dos tercios del reino que acababa de nacer, era algo más que las tierras eslovenas, Croacia en sentido estricto, Eslavonia y Voivodina, ramificaciones de Europa central.

La historia de la antigua Yugoslavia fue una sucesión de intentos por lograr la convivencia de los tres pueblos que la constituían, por superar el contraste político entre croatas y serbios, pasando de la democracia liberal a la dictadura y al enésimo acuerdo de compromiso. En oposición a los macedonios eslavos y a los albaneses, a quienes ni siquiera se tenía en cuenta como minorías, los musulmanes bosnios tuvieron su partido, la Organización Musulmana Yugoslava (JMO), y contaron con el reconocimiento del culto y el derecho coránicos en materia civil, hecho único en Europa. La dictadura del 6 de enero de 1929 impuso un yugoslavismo de régimen, una identidad yugoslava única, coerción que no solo no resolvió la cuestión nacional, sino que exasperó los distintos nacionalismos. Tras haberlo probado todo, la idea de una nación yugoslava resultaba de imposible realización.

En el terreno internacional, Yugoslavia vivió a remolque de Francia y sufrió la hostilidad de la Italia de Mussolini. Formó parte de la Pequeña Entente. A partir de 1934, tal como sucedía también en el centro y el sudeste de Europa, padeció la penetración económica de la Alemania nazi, además de su influencia política y cultural. Y mientras Croacia se esforzaba en lograr cada vez más autonomía, hubo líderes eslovenos que no escatimaron acuerdos con la Alemania nazi de acuerdo con el modelo de los que había firmado Eslovaquia. Los serbios permanecían divididos entre las distintas estructuras administrativas, aunque eran quienes detentaban la monarquía. En ese clima de mutua desconfianza, el golpe de Estado del 27 de marzo contra el Eje, organizado por una camarilla de generales de las fuerzas aéreas e incentivado por los servicios secretos británicos, fue un suicidio, a pesar de las loas de que luego fue objeto como heroica acción antifascista.

El 6 de abril de 1941 se lanzaron sobre Yugoslavia los ejércitos de Alemania, Italia, Hungría y Bulgaria. La derrota militar yugoslava fue absoluta. El 15 de abril ya se había acabado todo, y el 17 del mismo mes se firmó la capitulación. Nadie parece haber sufrido por Yugoslavia. Quedó demostrado que la artificiosidad del entero andamiaje estatal, político y cultural no era en realidad más que pura retórica. Las naciones subsistieron: los croatas tuvieron el Estado Independiente de Croacia, sometido al Eje; los eslovenos quedaron divididos entre la Estiria (Reich alemán) y la provincia de Lubiana, italiana (lo que se temía en 1917); los serbios fueron fragmentados en un protectorado alemán, el Estado Croata ustacha y (una vez más) Hungría meridional; Bulgaria recibió Macedonia e Italia creó la Gran Albania, que abarcaba Kosovo y los distritos albaneses próximos a Skopie. Quedó patente para todo el mundo que la alternativa a Yugoslavia no era otra que la de Estados títere y periferia del Eje. La frontera entre Oriente y Occidente había sido anexionada a la Europa nazifascista.

Entre 1941 y 1943, con más sostén moral que económico de la Unión Soviética, los partisanos de Josip Broz Tito mantuvieron una guerra de guerrillas desesperada en las montañas de los Alpes Dináricos, sitiados en ocho oportunidades por fuerzas alemanas e italianas, ustachas croatas y chetniks serbios. En las filas partisanas militaban serbios de Croacia, croatas de Dalmacia interior y montenegrinos, gente de montaña. Entretanto, el Estado Independiente Croata masacraba decenas de miles de serbios, judíos y gitanos en los campos de exterminio, el más conocido de los cuales es el de Jasenovac. El horror alimentó indefectiblemente el odio entre serbios y croatas, un odio profundo cuyas señales siguen vivas hoy aún. Sin embargo, la idea de unir la lucha de liberación nacional a una revolución comunista se convirtió en el vehículo para el reencuentro de la convivencia entre serbios y croatas, naciones otrora entrelazadas en los antiguos territorios austro-otomanos. Era preciso superar el odio mutuo y el pasado para fundar una nueva Yugoslavia proyectada al futuro sobre la base del modelo soviético, y por tanto federal, que tuviera en cuenta las especificidades nacionales.

El giro se produjo con el inesperado colapso de la Italia fascista, el 8 de septiembre de 1943. Las fuerzas de Tito tuvieron a su disposición armas, medios y municiones de divisiones italianas enteras. En 1944 se constituyó el Ejército Yugoslavo, al que las filas partisanas se pasaron masivamente, de modo que rápidamente se formaron divisiones y más tarde cuerpos de ejército. En octubre de 1944 Tito llegaba a Belgrado, que había sido liberada por el Ejército Rojo. La determinación y la ambición de esta nueva Yugoslavia quedó de manifiesto a principios de mayo de 1945 con la operación Trieste. Mientras Zagreb seguía en manos de los ustachas y Eslovenia bajo control alemán, las fuerzas yugoslavas habían llegado a Istria y Trieste, en Italia.

## Yugoslavia por segunda vez

Todo lo que la primera Yugoslavia tuvo de anodino lo tuvo la segunda de excepcional. Al explosivo abandono del bloque soviético en 1948 le había precedido el intento de Belgrado de crear una confederación con Bulgaria y Albania, como en las más optimistas de las fantasías yugoslavas del siglo XIX. En Grecia, la guerra civil (1946-1948) se debió incluso al apoyo y el aliento que Belgrado prestó a los comunistas. En esos años hubo repetidos esfuerzos diplomáticos con el objetivo de conseguir Carintia meridional, poblada por eslovenos, pero Austria se mostró inflexible y, a diferencia de Italia, fue apoyada por las potencias. Con todo, Tito tuvo la satisfacción de contar con un Estado de 255.804 km², más grande que el Reino Unido (242.521 km²) y que Alemania Occidental (248.577 km²), es decir, más que el reino por excelencia y que el enemigo derrotado, que era ya la primera potencia europea. La ambición de Tito y sus colaboradores fue siempre la misma: al comienzo una relación con los Estados vecinos y luego con un horizonte más amplio y cada vez más global, el de atreverse, el de aspirar al máximo. Ese era su emblema. Hasta el último momento, hasta 1980, Tito jamás dejó de utilizar la credencial de vencedor de una guerra mundial y, como tal, fue respetado por las potencias.

Después de 1948, Yugoslavia vivió gracias a las ayudas de Estados Unidos. En 1952-1953 se llegó a una aproximación concreta a la OTAN. El acceso a Occidente, que, como es obvio, implicaba la subordinación al atlantismo, dejó de tener sentido tras la muerte de Stalin y el cambio en la cúpula soviética. En julio de 1956, Tito firmó en las islas Brioni un documento con Nasser y Nehru que intentaba crear un movimiento internacional no alineado en contraposición a la política de bloques de la Unión Soviética y Estados Unidos.

En el apogeo de la descolonización, año 1961, tuvo lugar en Belgrado la primera Asamblea de los Países no Alineados. Muchas y de alto nivel fueron las delegaciones de países africanos, que por primera vez asomaban a la escena mundial. Yugoslavia era el único país europeo en condiciones de ofrecer amistad a países de independencia aún muy reciente. El no alineamiento yugoslavo se presentó como alternativa al poscolonialismo francés y británico. Fue el comienzo del auge yugoslavo. Siempre en 1961, Ivo Andrić recibió el Premio Nobel de Literatura por *El puente sobre el Drina*. Era el puente de Višegrad, que el gran visir Mehmed Sokolović había construido en 1571-1577 y que representaba a Bosnia y sus destinos, una tierra suspendida entre Occidente y Oriente.

El decurso cultural de Yugoslavia debía ser algo por sí mismo, independiente tanto de Roma como de Bizancio. Europa, dividida en dos partes, era para Yugoslavia un patio demasiado estrecho. Así fue cómo uno de los países que en 1939 se hallaba entre los más pobres del continente, perseguía ahora, seguro de sí mismo, una política global increíblemente desproporcionada a su capacidad económica. A fin de superar el dualismo Este/Oeste inherente a su ser esencial, la segunda Yugoslavia supo combinar la ideología comunista con una proyección internacional, global, cuyo resultado era la totalidad como inevitable futuro, respecto del cual la historia era un pasado superado.

Entre 1950 y 1970, la Yugoslavia de Tito produjo una auténtica revolución industrial y social. Mientras que en 1945 casi las tres cuartas partes de los habitantes eran campesinos, veinte años después había una sólida clase obrera. La reforma constitucional de 1963 había abierto una liberalización inconcebible en el Este soviético. El modelo de autogestión había eliminado la injerencia del Estado con la creación, en las empresas, de capitales que debían operar en un mercado que el aparato del régimen controlaba solo parcialmente. La posibilidad de salir del país por trabajo y el turismo masivo habían abierto la sociedad yugoslava al Occidente europeo. La autogestión se concebía como la transición a un modelo que, más tarde o más temprano, debía aproximarse a las socialdemocracias escandinavas.

Las reivindicaciones nacionales croatas de 1971 bloquearon este proceso de apertura gradual a la democracia y a la economía de mercado. Hubo entonces un endurecimiento ideológico de todo lo que se había conseguido, y las futuras reformas quedaron sepultadas en un cajón. Los años setenta fueron los más retóricos del culto a Tito, quien ya había pasado los ochenta años de edad.

El año 1980 sigue siendo un parteaguas inevitable. Con el fallecimiento de Tito resurgieron no tanto los nacionalismos como los planes nacionales de cada una de las repúblicas federales. En 1981 hubo en Kosovo una insurrección albanesa. Surgió la cuestión de la nación serbia, a la que el federalismo penalizaba con su división entre Serbia, Bosnia y Herzegovina y Montenegro, Croacia y las regiones autónomas de Kosovo y Voivodina. Mientras, Eslovenia y Croacia, las repúblicas más occidentales, veían un lastre en las repúblicas más pobres –los Balcanes yugoslavos– y una amenaza en el regreso al centralismo que invocaba Serbia.

El ingreso en la Comunidad Económica Europea (CEE) de Grecia en 1980 y de España y Portugal en 1986, países que pocos años antes habían salido de sendas dictaduras, abrió nuevos horizontes y ofreció oportunas referencias a Eslovenia, cuyo nivel económico no era inferior al de estos recién llegados. Europa occidental, la CEE, se convirtió en el contexto ideal al que también Croacia podía aspirar a integrarse.

En el quinquenio comprendido entre 1986 y 1991, el desfase Este/Oeste, consustancial a Yugoslavia, salía a la luz en todos los discursos políticos, tanto en el terreno nacional como en el federal. Cuando, en 1989, cayó el Muro de Berlín, Yugoslavia ya tenía la cabeza en otro sitio: en el Medioevo serbio, como muestra, por ejemplo, el discurso que Slobodan Milošević pronunció el 28 de junio de 1989 en Gazimestan, en la llanura de Kosovo.

Las causas del fin de la segunda Yugoslavia se han explicado como si se tratase de un problema de los Balcanes en tanto mundo cerrado en sí mismo, ajeno a Europa. Es preciso observar que la Yugoslavia de Tito no fue europeísta, que se consideraba un factor político global, un país pequeño, pero importante, que sufría la presión de las dos grandes potencias. Yugoslavia siempre ha rehuido su historia más profunda. En el plano cultural general, se tenía la idea de que los eslavos meridionales habían vivido en las periferias de los imperios, explotados por los viejos centros del poder, a saber, Estambul, Venecia y Viena. Un arreglo de cuentas con el pasado habría obligado a resucitar las divisiones, las fronteras que se había intentado olvidar u ocultar. Pero, más tarde, la historia salió finalmente a la luz. El *limes* entre Europa central y los Balcanes, definido en 1718, retornó con todo vigor en el verano de 1991.

La guerra en Bosnia fue el último y monstruoso capítulo de una desotomanización cuyo comienzo se remonta en Hungría al lejanísimo 1684 y en los Balcanes a 1804. En cierto modo, cuando en 2017, tras veinticuatro años de actividad, se puso fin a la actividad del Tribunal Penal Internacional de La Haya para los Crímenes Cometidos en Yugoslavia, el ciclo histórico de la referida desotomanización quedó definitivamente concluido y condenado.

Una cultura verdaderamente yugoslava debería haber aceptado y estudiado la Tekija de los derviches de Blagaj, el santuario de la Virgen de Medjugorje y los monasterios ortodoxos, todo sin salir del corazón de Herzegovina, en un radio de pocos kilómetros; aceptar estas civilizaciones y hacerlas propias. Pero ¿qué cultura europea habría sido capaz de algo así? Los desafíos de la historia, de las civilizaciones que, como quiera que sea, confluyen en el espacio que fue Yugoslavia y hoy son los Balcanes occidentales, en la actualidad son los desafíos de Europa.

## Balcanes occidentales

Es preciso recordar las etapas de la disolución yugoslava y hacer de ellas memoria civil europea. El 27 y el 28 de junio de 1991, el fatídico día de San Vito (el del atentado de Sarajevo en 1914), comenzó en Eslovenia la guerra entre las fuerzas independentistas y el ejército federal; duró diez días. Luego le tocó el turno a Croacia, conflicto larvado, dado que la minoría serbia se sublevó y proclamó la independencia de las regiones que ocupaba. La guerra, que tuvo en Vukovar su punto álgido, terminó cinco meses después con una tregua. Eslovenia y Croacia obtuvieron el reconocimiento internacional en entero de 1992. La crisis se desplazó al sur.

En abril de 1992 estalló la guerra civil en Bosnia y Herzegovina entre serbios locales, musulmanes y croatas, que se prolongaría durante más de tres años, con choques entre todas las partes, violencia feroz, violaciones masivas, campos de detención, bombardeos y terribles masacres, como la de Srebrenica de julio de 1995, en la que las tropas serbias asesinaron bárbaramente a 8.000 bosnios musulmanes.

Los acuerdos internacionales de Dayton (Ohio), de octubre de 1995, acabaron con el conflicto e impuso una solución estatal a Bosnia y Herzegovina, formada por dos componentes: uno, serbio (República Serbia); el otro, una federación musulmano-bosnia y croata. Luego la crisis se extendió a Kosovo, región ya autónoma en el seno de Serbia, con población mayoritariamente albanesa. También aquí hubo violencias, choques entre serbios y albaneses y prófugos en masa, hasta que en 1999 se llegó al bombardeo de la OTAN a Belgrado. Era el tercer bombardeo que sufría esta ciudad en el siglo XX.

Otros enfrentamientos tuvieron lugar en Macedonia entre macedonios y albaneses, pero el conflicto fue bloqueado apenas nacido. Yugoslavia, como federación serbo-montenegrina, resistió hasta 2003. En 2006, Serbia y Montengro se separaron. En 2007, Kosovo proclamó su independencia, pero aún no ha sido plenamente reconocida en el plano internacional.

Las guerras yugoslavas han sido señaladas como barbaries a las puertas mismas de Europa, que precisamente en esos años asistía al nacimiento de la Unión Europea. Era un único conflicto con varios escenarios en un mundo que parecía haber llegado al final de su historia, libre ya de divisiones entre distintas potencias y de diferentes ideologías.

Hoy comprendemos mejor hechos, dinámicas y aspectos que parecían inéditos, como las multitudes de prófugos que los telediarios mostraban en directo, las violaciones masivas a modo de guerra psicológica, el sacrificio de los propios civiles para desacreditar al enemigo, la intervención militar humanitaria por medio de bombardeos «inteligentes», el tráfico de armas, el tráfico de drogas y la prostitución no solo entre las fuerzas beligerantes, sino también entre las deslocalizadas en pro de la pacificación, el tráfico de órganos humanos, la criminalidad convertida en poder legitimado y a la inversa, más las ONG, los muyahidines, los ultras transformados en comando, los mercenarios y sus contratistas y, sobre todo, los profesionales enviados, la fabricación del imaginario del horror a uno y otro lado de la contienda, los grandes intelectuales occidentales catapultados en la región y que escogen su bando y su lugar de observación, los medios de comunicación internacionales que determinan un relato de alcance informativo mundial y, finalmente, el juicio del Tribunal Internacional de La Haya para los delitos de lesa humanidad cometidos en Yugoslavia. En resumen, la balcanización interna y externa de los Balcanes. Pero no solo eso, sino también un banco de experimentación para las emergencias bélicas y civiles que vinieron luego.

¿Qué nos queda hoy de todo esto? Por un lado, Eslovenia y Croacia son Estados de la Unión Europea; por otro lado, está lo que se conoce como Balcanes occidentales, una no Europa dentro de Europa, que forman Serbia, Bosnia y Herzegovina, Montenegro, Macedonia del Norte, Kosovo –aún no del todo reconocido– y Albania, que se ha agregado a este conglomerado posyugoslavo. Todo esto a la espera de que algo suceda.

Treinta años después hay todavía muchos nudos sin resolver, entre los que descuellan el estancamiento político y civil en Bosnia y Herzegovina, que pone Dayton en tela juicio, así como el imposible diálogo entre Belgrado y las altas instancias políticas de Kosovo. De hecho, tanto la nación serbia como la albanesa están repartidas en tres Estados distintos. Macedonia del Norte ha tenido que cambiar de nombre para que Grecia la aceptara, pero choca con los obstáculos que interpone Bulgaria en el más que incierto camino a la UE, sin contar con que la cuarta parte de su población es albanesa.

Los Balcanes occidentales solo son mentados cuando asoma a los medios de comunicación el drama de las migraciones que atraviesan la región. Por sí mismos, los Balcanes parecen encastrados en problemáticas que recuerdan las ya lejanas consecuencias de las guerras balcánicas de 1912-1913 y de la primera posguerra mundial de 1918 a 1923. Las dinámicas de integración europea, como el *Trimarium,* los cercan y los mantienen bloqueados.

Cada vez se habla más de demoler las fronteras entre los seis Estados, con Benelux como modelo, y convertir a los Balcanes occidentales en región asociada de la UE. Mientras que la OTAN se ha afirmado por doquier, excepto en Serbia y en Bosnia y Herzegovina, el recorrido particular de los respectivos países en persecución de la candidatura a la UE, de Macedonia del Norte a Albania y Serbia, ha quedado estancado. La eterna sala de espera balcánica no preocupa demasiado a los burócratas de Bruselas.

Los Balcanes occidentales confirman su condición de ser la periferia derrotada de Occidente, la encrucijada de intereses y de cálculos geopolíticos de potencias y semipotencias externas a la región. Con una población de 17 millones de habitantes y un PIB conjunto de 120.000 millones de dólares, no son, por cierto, un campo propicio para los negocios y, sin embargo, en ellos convergen todas las miradas del mundo. Allí encontramos medios de comunicación que son, en realidad, ramificaciones de agencias de información norteamericanas, rusas, chinas y qataríes, financiaciones originarias de fundaciones alemanas y diversas ONG occidentales y, finalmente, dinero de Arabia Saudí y Turquía para las fundaciones religiosas islámicas.

En treinta años se ha pasado de la máquina de escribir al *smartphone* y no faltan aquí en absoluto las últimas novedades tecnológicas, pese a lo cual la historicidad del presente resulta restringida en comparación con lo que entendemos por modernidad.

Las guerras no parecen haber acabado. La disolución de Yugoslavia aún no ha completado su ciclo. Tras todas las experiencias y todos los fracasos, hay desilusión y desencanto, historia y frustración, motivo por el que se aceptan como connotaciones nacionales el bizantinismo, el otomanismo y todo el sustrato popular, otrora denigrado. Son estas las características de culturas nacionales hoy conscientes de una especie de karma balcánico.

En lo que refiere a esta historia, en los últimos diez años se ha producido en los Balcanes una notable transformación. En efecto, en Turquía han resurgido la política y la visión cultural neootomana, junto con la visión neobizantina balcánica. Por otro lado, es importante la influencia de los países árabes, con un canal de televisión de *Al Jazeera Balkans* en serbo-croata-bosnio, la tercera lengua de esta emisora tras el árabe y el inglés. El éxito de la serie de televisión turca *Solimán el Magnífico* en todos los países balcánicos (y de Oriente Próximo) plantea nuevos interrogantes.

La atención que se presta a la diversidad religiosa, que va de los calendarios acordes a las distintas culturas (ortodoxa, católica, islámica y judía, con sus respectivas fiestas) que se exhiben en los periódicos, a los menús de los restaurantes, que distinguen entre una parrillada de ternera y una de cerdo, nos da a entender que, a pesar de todo, se está de hecho en una nueva fase de la aceptación recíproca. La globalización, que invita a desarrollar una actitud reconciliadora a escala mundial, ha puesto de relieve la idea misma de los Balcanes, puesto que es reconocible más allá de las denominaciones estatales y nacionales. Y los Balcanes, por encima del estereotipo negativo que se ha acuñado en Occidente (y que desafortunadamente sigue vigente aún hoy), representan en realidad por sí mismos la presencia de las diversidades, la presencia y aceptación de diferentes religiones, confesiones, alfabetos, lenguas, tradiciones civiles y culturales. Después de treinta años de la desaparición de Yugoslavia y de su utopía, los Balcanes, con todos sus problemas, anticipan el mundo de los siglos XXI y XXII.

# 7. La última fractura

En primavera, el Dniéper baja turbulento. Pocos ríos han presenciado tantas batallas en sus márgenes y en las tierras aledañas como el Dniéper. Tomemos como ejemplo Kiev. En 1240, esta ciudad estuvo sitiada por los mongoles; en 1299 fue saqueada durante la guerra entre la Horda Dorada y los cumanos; en 1399, ya ciudad lituana, fue atacada por la Horda Dorada, que en 1416 repitió el ataque; en 1482 fue asaltada a sangre y fuego por los tártaros del kanato de Crimea; en 1651 sufrió el asedio de los polacos, que luchaban contra los cosacos, y lo mismo ocurrió en 1658, pero esta vez a mano de los cosacos en lucha contra los polacos.

A continuación, como ciudad de Rusia, Kiev gozó de dos siglos y medio de paz, pero con el siglo XX le llegaron nuevos conflictos. En enero de 1918, el choque entre bolcheviques rusos y los ucranianos por el control de la ciudad; en febrero de 1919, la ciudad fue objetivo del Ejército Rojo en la guerra ucraniano-soviética; en agosto de 1919 fue tomada por el Ejército Blanco; en diciembre de 1919 tuvo lugar una tercera batalla entre estos dos ejércitos; en 1920 fue víctima de la dura ofensiva de Polonia contra la Ucrania soviética; en 1941 fue sitiada por las tropas alemanas y conquistada tras un mes y medio de combates en las calles; entre noviembre y diciembre de 1943 el Ejército Rojo recuperó la ciudad al precio de 28.000 bajas. El siglo XXI ya tiene su batalla de Kiev. Es la última fractura a lo largo de la falla de la Europa del medio.

En territorio ucraniano se produjo el desenlace de las grandes batallas campales de Rusia. No lejos del Dniéper, en Poltava, el 8 de julio de 1709 tuvo lugar el choque decisivo entre Carlos XII de Suecia y Pedro el Grande. Era la Gran Guerra del Norte y a la sazón los suecos pasaban por ser los más fuertes de Europa. Tan audaces eran que 24.000 hombres, con el rey al frente, hicieron frente a un ejército con más del doble de efectivos. Los rusos habían reunido todas sus fuerzas, mientras que la fortaleza de los suecos residía en su capacidad táctica. Pero fue precisamente esto lo que falló a la hora de coordinar infantería y caballería; a pesar del ímpetu de su ataque, los hombres de Carlos cayeron derrotados y fueron capturados muchos oficiales de origen noble, que Pedro envió a Siberia. Carlos XII, herido, se refugió con unos pocos hombres en el principado de Moldavia, vasallo turco, donde permaneció cinco años exiliado antes de regresar a Suecia.

Poltava fue la primera gran victoria rusa. Pushkin escribió un poema de tema cosaco, *Poltava*, que tiene como fondo la batalla de 1709, y Tchaikovsky, retomando el tema de

Pushkin, compuso la ópera *Mazeppa*. En Poltava nació Nikolái Gógol, de familia ucraniana.

El frente occidental de la Primera Guerra Mundial fue el escenario del enfrentamiento entre Alemania y Austria-Hungría, de un lado, y Rusia y Rumania, del otro. En términos de la actual Ucrania, la zona más castigada por los combates fue Galitzia, cuyo centro es Leópolis. El fin del Imperio ruso en febrero de 1917 y luego la evolución bolchevique condujeron al armisticio y al tratado de Brest-Litovsk (3 de marzo de 1918), favorable a las potencias centrales. Rusia renunció a Finlandia, Estonia, Letonia, Lituania y gran parte de Bielorrusia y Ucrania. Perdió todos los territorios que había conquistado en el siglo XVIII, pero los bolcheviques debían pensar en la Guerra Civil. A consecuencia de los conflictos polaco-ucranianos de 1918-1919 y polaco-soviéticos de 1919-1921, Ucrania pasó a ser una república soviética.

La Segunda Guerra Mundial fue terrible en tierra ucraniana, sacudida, en primer lugar, en el verano de 1941, por la Operación Barbarroja; luego, por la ocupación alemana y la actividad de la guerrilla y, finalmente, por el avance liberador del Ejército Rojo, a partir del titánico choque en Kursk, que se extendió hasta Sumy y Jarkov. La batalla de Kursk sigue siendo la mayor de la historia en lo que respecta a medios y hombres.

Los máximos esfuerzos bélicos de Rusia durante los tres últimos siglos, desde Poltava hasta nuestros días, han tenido lugar en Ucrania, que ha sido tierra de frontera y línea de defensa para el Imperio y para la Unión Soviética. La Gran Guerra del Norte (1700-1721), las guerras civiles soviéticas y la lucha con Polonia (1918-1920), así como el enfrentamiento con la Alemania nazi (1941-1944), son fases de una historia de conflictos cuya repetición se consideraba imposible[1].

## Ucrania

Al igual que todas las otras naciones europeas, la ucraniana se desarrolló a lo largo del siglo XIX. El término «Ucrania» se remonta al siglo XII, a la Rusia de Kiev, para indicar una región de frontera, marginal. Volvemos a encontrarlo en la cartografía del siglo XVII, en relación con los cosacos de Zaporiyia, que, desde cierto punto de vista, fueron una población ucraniana. Ucrania fue un país de contornos poco definidos entre Polonia-Lituania, el kanato de Crimea y Rusia, tres marcos diferentes.

Polonia-Lituania representaba a Europa, con una población católica y uniata predominante en Leópolis (Lviv), su centro principal, pero no en Kiev, que era ortodoxa. Ostentaba su soberanía sobre la margen occidental del Dniéper que –de hecho resultaba meramente nominal al sur de los rápidos del río–, en Zaporiyia o, en ucraniano, Zaporiẑẑia, o sea, «la tierra allende los rápidos», donde se hallaba el Sich de Zaporiyia, vasta zona autónoma en la práctica y controlada por los cosacos. Los cosacos eran fieles al soberano y llevaban continuamente a cabo incursiones en el kanato de Crimea, que dominaba íntegramente el curso inferior del

1. M. Vassallo, *Storia dell'Ucraina*, Milán, Mimesis, 2020; E. Di Rienzo, *Il conflitto russo-ucraino. Geopolitica del nuovo (dis)ordine mondiale*, Soveria Mannelli, Rubbettino, 2015.

Dniéper y toda la costa del mar de Azov. Por tanto, atacaban al Imperio otomano, que en la provincia o *eyalet* de Silistra (ciudad sobre el Danubio), llegaba hasta el río Bug. El sanjacado de Yedisan, hoy Odesa, su extremo septentrional, se hallaba entre las desembocaduras del Dniéster y el Bug. Aquí instaló el Imperio otomano la fortaleza de Akkerman y aquí se unía al kanato de Crimea. Así las cosas, Polonia quedaba sin acceso posible al mar Negro y al de Azov, y lo mismo ocurría con Rusia, que compartía fronteras con Polonia-Lituania y el kanato de Crimea, y llegaba hasta las actuales Járkov y Donetsk.

En las fronteras entre tres mundos estaban los cosacos, con su estilo de vida y su cultura. Las continuas invasiones y razias hacia el sur, contra ciudades y fortalezas turcas y tártaras aprovechando las corrientes del Dnièper, el Dniéster y del Bug, formaban parte de una estrategia de tensión en prevención de grandes campañas militares de los otomanos. La rebelión cosaca que estalló en 1648, junto con los acuerdos a los que llegaron el atamán cosaco Bohdán Jmelnitski y el zar Alejo en 1645 y en 1659, fueron los momentos decisivos que cambiaron la geografía política del territorio ucraniano.

Reforzados por la colaboración de los cosacos, en 1655 los rusos invadieron los dominios lituanos desde Smolensk, conquistaron Minsk y llegaron a Vilna. Al sur, tomaron Poltava y cruzaron el Dniéper, mientras los cosacos llegaban a Leópolis y Lublin. Polonia tuvo que padecer el ultraje hasta la firma del tratado de Andrusovo, en 1667. Como se ha dicho, Polonia se vio obligada a ceder al zar Smolensk y Ucrania allende el Dniéper, incluida Kiev, que podía enorgullecerse de contar con una academia, una institución de estudios superiores sin parangón en Rusia. Zaporiya se convirtió en un condominio polaco-ruso. Para Rusia fue una gran victoria, su primera extensión significativa hacia Occidente.

La novela *Taras Bulba*, de Nikolái Gógol, publicada en 1835 en Mirgorod, describe la vida de los cosacos en Zaporiyia, su guerrilla contra los tártaros y su revuelta contra los amos polacos. El trasfondo de la narración es la guerra de 1654 a 1667, que implicó un giro en la historia de Ucrania. Las vicisitudes del heroico Taras y sus hijos, todos ellos, a la postre, víctimas de su condición de cosacos, es una tragedia relatada en un tono romántico que conmueve, pese a los prejuicios que asoman una y otra vez en el texto y que resultan excesivos para nuestra sensibilidad (contra los judíos, los tártaros y los polacos). La naturaleza patriótica del relato es tan válida para los ucranianos (el heroísmo y el sacrificio por los ideales) como para los rusos (el zar y la Iglesia rusa a los que Taras invoca en el momento de morir), lo que explica que *Taras Bulba* forme parte de las antologías de los ciclos de formación de ambos países. Se trata, por cierto, de un clásico mundial que fue adaptado al cine y que dio a conocer a Ucrania.

Entre 1734 y 1791 surgió la Nueva Rusia, territorio en el que no solo se incentivó la colonización protagonizada por rusos y ucranianos, sino también por muchos alemanes, mientras que a los tártaros, aunque eran tolerados, se los dejaba al margen de la sociedad. El nombre de Nueva Rusia expresaba también la intención de señalar que Rusia se estaba reconstruyendo desde la base. Respecto del kanato de los tártaros, que para los rusos representaba el exotismo y el occidentalismo póntico (que volvemos a encontrar en los primeros relatos de Tolstói), la Nueva Rusia era decididamente Europa.

El corazón de Ucrania estaba más al norte, en las sinuosidades del Dniéper, en Kiev. La expresión «Pequeña Rusia», con la que la élite de San Petersburgo designaba a Ucrania, no encerraba intención despectiva alguna; lo que más bien se quería dar a entender con ella era la idea de una Rusia en pequeña escala, síntesis o anticipación de Rusia para quien llegaba de Occidente. Los ucranianos asumían su identidad, sobre todo en los medios populares. La élite, en cambio, prefería ser ucraniana y rusa.

El padre de la nación ucraniana es Taras Shevchenko, escritor y poeta que vivió entre 1814 y 1861. Contrario a la rusificación de su lengua y de su cultura, así como a que se definiera a los ucranianos como «*rusitos*», pequeños rusos, hermanos menores de los grandes rusos, Shevchenko dio expresión a la intolerancia ante la negación de su nacionalidad. En la práctica, la rusificación se produjo en la segunda mitad del siglo XIX, con la prohibición de la lengua ucraniana, que se consideraba un simple dialecto. La rusificación no solo afectó a los ucranianos, sino también a los bielorrusos y a otros pueblos, incluidos los bálticos y, por último, los finlandeses. En la era de los nacionalismos, el Imperio no fue capaz de ninguna otra cosa que no fuera reforzar el componente ruso y, de esa manera, imprimir la mayor uniformidad posible al inmenso Estado.

La Unión Soviética hizo lo contrario; garantizó las identidades nacionales y, por tanto, apoyó la organización federal del Estado. En tanto nación, en el lapso comprendido entre 1917 y 1922 Ucrania se había consolidado incluso como entidad territorial, a semejanza de lo que ocurría en otras naciones de la Europa del medio. El hecho de que su condición de República Socialista en el seno de la Unión Soviética le otorgara ya una cierta estatalidad, reforzó la nación ucraniana en tanto tal. La educación, las escuelas, las universidades y la Academia Nacional de Ciencias, fundada en 1919, prosperaron sin pausa.

El período soviético es el de los años de planes quinquenales y de la colectivización del campo. Por un lado estaba la industrialización del Donbás, uno de los proyectos mejor logrados, y por otro lado la *Holodomor,* la terrible carestía, con millones de muertos en 1932-1933; y por doquier la eliminación de los kulaks, los campesinos propietarios, una capa de la población que había mantenido viva a Rusia desde los años de Stolypin (1906-1911) hasta la Nueva Política Económica (1921-1928). Hambre, eliminación física y deportación a Siberia: esta fue la modernidad soviética en el campo. Se dio un gran impulso a la urbanización; los conglomerados urbanos que vemos hoy se remontan a los años treinta.

Debido a las circunstancias bélicas y a la guerra civil que rodearon su nacimiento en 1917, la República Popular Ucraniana carecía de fronteras claramente definidas. El máximo de aspiración territorial de este país lo expuso su delegación en la Conferencia de Paz de París de 1919. Era la propuesta de una Ucrania que penetraba en tierra polaca casi hasta Lublín y Cracovia, poseía una parte de los Cárpatos, se extendía más allá de Belgorod, hasta Kursk, era dueña de Rostov y la región del Kuban en el Cáucaso póntico, allende Crimea y Budzhak, y la franja litoral de Besarabia, hasta la desembocadura del Danubio. Sólo en la República Socialista Soviética de Ucrania se llegó en realidad a una configuración estable; hasta ser admitida en la Federación, lo que ocurrió en 1922, fue un Estado satélite de la Unión Soviética.

La superficie de la República Socialista se amplió en 1939-1940. En virtud del Pacto Ribbentrop-Molotov entre la Alemania nazi y la Unión Soviética, y como consecuencia de la invasión soviética de Polonia, en noviembre de 1939 Ucrania se quedó con Galitzia y Leópolis. En julio de 1940 la Unión Soviética ocupó Bukovina y Besarabia, territorios que Rumania, en tanto miembro del Eje, se vio obligada a ceder en cumplimiento de los acuerdos soviético-alemanes. Ucrania obtuvo Bukovina septentrional y la región litoral de Besarabia, entre la desembocadura del Danubio y la del Dniéster, llamada Budzhak. Como es evidente, con la invasión alemana y del Eje, en el verano de 1941, este ordenamiento tocó a su fin; pero con la liberación de 1945 fue recuperado tal cual era.

Por último, en 1954 el Presidium del Soviet Supremo de la Unión Soviética adjudicó a Ucrania el óblast ruso de Crimea. La península fue República Autónoma de la Federación de la Rusia Soviética entre 1921 y 1945; este año, en el que se cumplía el tercer centenario del tratado de Pereyáslav con el que se sellara la alianza entre Rusia y los ucranianos, se convirtió en óblast de Rusia y fue trasferida a Ucrania. En plena crisis de la Unión Soviética, el 24 de agosto de 1991 Ucrania declaró su independencia, que el 1 de diciembre fue confirmada en referéndum. El 26 de ese mismo mes se disolvió la Unión Soviética.

Con sus 600.000 km², el Estado ucraniano es el segundo por tamaño en territorio europeo, detrás de Rusia. A causa de la emigración, padece un constante descenso demográfico.

La población ha pasado de más de 51 millones de habitantes en 1991 a 48 millones en 2001, 45 en 2011 y 41 en 2021. La Ucrania soviética fue una de las repúblicas más prósperas de la Federación, con un nivel económico que en 1990 se asemejaba al de Polonia. Tres décadas después, hay una notable diferencia en detrimento de Ucrania. El PIB de este país, según estimación del Banco Mundial, era en 2021 de 155.000 millones de dólares, inferior al de Grecia (189.000 millones) o al de una región italiana como el Véneto (aproximadamente 170.000 millones). Hay algunos sectores industriales prósperos y una respetable producción agrícola, pero, en conjunto, el país es frágil en relación con las tendencias económicas mundiales. La crisis de 2009 dejó sus marcas.

Ucrania es una realidad compuesta, pues en sus distintas regiones incluye territorios con pasados diferentes. Una cosa es Galitzia, en Occidente, y otra el Donetsk, en Oriente. Tan polaca es la herencia de aquella como rusa la de este, y rusa sobre todo por el hecho de que, durante dos siglos, las zonas tártaras, incluida Crimea, atravesaron un proceso de rusificación. En 1945-1947, Galitzia experimentó el éxodo de los polacos, a quienes se incentivó para que se trasladaran a Silesia, asignada a Polonia, con el fin de reemplazar a la población alemana. Es verdad que la historia puede tener un papel muy importante si se la quiere utilizar con fines políticos, pero no es el caso del pueblo ucraniano, cuya homogeneidad a nivel nacional es indudable.

La ucranización, que se persiguió a partir de los años veinte, terminó por homogeneizar la población y ha dejado únicamente en Crimea y en el Donbás un componente mayoritario ruso en el ámbito local. En la Ucrania soviética, el ruso y el ucraniano fueron lenguas oficiales. El bilingüismo estaba muy difundido. Lengua e identidad nacional no coinciden, lo cual no ha sido un problema, salvo en los últimos años. Se podía ser ucraniano y hablar en ruso.

En el plano religioso, Ucrania es un país de tradición cristiana ortodoxa; el segundo, por número de fieles, después de Rusia. Los datos nos muestran que más del 80 % de la población se declara creyente. De este 80%, el 70% lo forman fieles de rito ortodoxo, mientras que el 8,8% de los fieles, concentrado en las provincias otrora polacas, es de rito griego-católico –o sea, uniata– y reconoce al pontífice romano. Los protestantes son pocos y de conversión reciente (2%), muy pocos los católicos (1%), raros los judíos y casi inexistentes los musulmanes.

Los ortodoxos tienen divisiones en el terreno eclesial. La parte occidental del país se halla bajo el dominio directo del Patriarcado de Moscú. En el resto del país se encuentran la Iglesia Ortodoxa Ucraniana del Patriarcado de Moscú, fundada en 1990, la Iglesia Ortodoxa Ucraniana del Patriarcado de Kiev, nacida en 1992, y la Iglesia Ortodoxa Autocéfala Ucraniana, que se remonta a 1921. Según la estimación de ciertas investigaciones, más de la tercera parte de los fieles se declara simplemente ortodoxa, sin adscripción a una iglesia específica. En diciembre de 2018 se constituyó la Iglesia Ortodoxa de Ucrania, unión de la Iglesia Ortodoxa Ucraniana del Patriarcado de Kiev y la Iglesia Ortodoxa Autocéfala Ucraniana. Contrario al reconocimiento de la autocefalia de esta nueva iglesia por el patriarca de Constantinopla, el patriarcado de Moscú rompió relaciones con ella, provocando un cisma de alcance histórico.

Las dinámicas confesionales han sido afectadas por los recientes enfrentamientos con Rusia, pero no se puede decir que hayan resquebrajado Ucrania como nación. Más que discrepancias, son matices lo que se observa a medida que se atraviesa el país de oeste a este. Hay extremos: en Galitzia se habla únicamente ucraniano y se profesa el greco-catolicismo; en el Donbás y en Crimea se habla ruso y se practica la religión del patriarcado de Moscú. Y entremedio está la mayor parte del país, en la que se dan diversos matices y combinaciones sobre un fondo mayoritario de fieles que presta obediencia al patriarcado de Kiev. Ucrania no es un país complejo, no es comparable con las circunstancias que se dan en los Balcanes o en el Cáucaso.

Ucrania no tendría problemas si no estuviera donde está. Es justamente su interposición entre Rusia y Occidente lo que ha condicionado, y cada vez más, la política interna del país. Esta ubicación es la que ha dado origen a la división entre los filorrusos y los que tienen la mirada puesta en la Unión Europea y en Polonia: rusófilos y europeístas. En lo esencial, las divisiones internas de Ucrania atañen a las perspectivas de futuro, tienen que ver con la elección de acercarse a Occidente, convertirse en parte de este, o seguir siendo Oriente, junto a Rusia.

Después de la independencia, el país pasó por una suerte de letargo postsoviético bajo las presidencias autoritarias de Leonid M. Kravchuk (1991-1994) y Leonid Kuchma (1994-2004). Kiev renunció al arsenal de misiles nucleares y acordó con Rusia una regulación para el uso conjunto de la base naval de Sebastopol. En 2001 Vladímir Putin gozaba de una enorme popularidad en Ucrania.

En 2004, la elección de Víktor Yanukovich sirvió de pretexto para la realización de manifestaciones, conocidas como la Revolución Naranja, que condujo a nuevas elecciones y a la victoria de Víktor Juschenko. Vinieron luego seis años de inestabilidad política, durante los cuales crecieron el nacionalismo y la aversión a Rusia, de la que Ucrania depende desde el punto de vista energético. En 2010 volvió Yanukovych al poder. Su política autoritaria incrementó la oposición entre quienes aspiraban a llevar a Ucrania a la Unión Europea y quienes mantenían con firmeza su posición filorrusa. La renuncia de Yanukovych a la senda de la asociación a la Unión Europea a favor de un mayor vínculo económico con Rusia desencadenó en febrero de 2014 una protesta masiva en Kiev, en la Plaza Maidán. Lo que ha dado en llamarse Euromaidán se convirtió en el punto de inflexión en el que la crisis interna cobró dimensión internacional.

Las circunstancias se precipitaron. Yanukovych se vio obligado a abandonar el país; Crimea proclamó su independencia, vía referéndum, y su anexión a Rusia, que en marzo tomó el control del óblast; en Járkov, Donetsk y Odesa hubo protestas a favor de la secesión, con centenares de víctimas. En mayo, Donetsk y Lugansk se proclamaron óblasts independientes, lo que provocó un conflicto abierto. En ese mismo mes resultó electo presidente Petró Poroshenko, quien consiguió estabilizar el país al borde de una guerra civil.

Rusia fue objeto de sanciones económicas por la anexión de Crimea. Moscú respondió acusando a la Unión Europea y a Estados Unidos de haber alentado el nacionalismo ucraniano extremista contra la población rusa y rusófona. En

Donetsk y Lugansk continuaron los enfrentamientos entre ucranianos y rusos hasta que se llegó a un compromiso con los acuerdos de Minsk de 2015, que preveían una amplia autonomía en los óblasts insurgentes, pero que en la práctica no se hizo realidad.

La brecha que hoy se da en el seno de Ucrania entre filoeuropeos y filorrusos es cultural y política, pero ha sido inducida y sigue siendo estimulada desde el exterior. En 2019 el Parlamento de Kiev dio a conocer su intención de modificar la Constitución en previsión de una asociación a la Unión Europea y a la OTAN; el mismo año, Volodímir Zelenski fue elegido presidente. La epidemia de covid-19 que estalló en la primavera de 2020, más que dejar las tensiones entre paréntesis, las ocultó. El diálogo entre Rusia y Ucrania no logró superar el punto muerto. A finales de 2021 se hablaba de concentración de tropas rusas a lo largo de las fronteras con Ucrania.

# Epílogo

Todos recordaremos el 24 de febrero de 2022. Ese día, en un discurso largo y confuso, Vladímir Putin declaró la guerra a Ucrania. El discurso aludía una y otra vez a la historia. Alguien ha dicho que el presidente Putin está librando una batalla con la historia y que no puede permitirse que se lo recuerde como el gobernante que ha perdido Ucrania. Sus modelos no se inspiran en la Unión Soviética, sino que se remontan al Imperio; son Pedro el Grande, Catalina II, Nicolás I y Alejandro II.

La guerra nos ha perturbado porque Rusia es Rusia y tememos un enfrentamiento total con Estados Unidos y la OTAN. Se ha discutido mucho sobre las respectivas responsabilidades y sobre cómo se ha llegado a la ruptura. ¿Qué parte de ellas le corresponde a la ampliación de la OTAN al Este, incluso adentrándose en el antiguo espacio soviético? ¿Qué parte le corresponde a Putin? ¿Se trata de un acto único de perversión, o es más bien el comienzo de una serie de guerras que el presidente ruso está dispuesto a librar? Se tiende a personalizar el relato de la crisis, a centrarlo en Putin, prácticamente a exorcizarlo. Todo eso se puede discutir, y se discute, pero el hecho es que la guerra ya ha comenzado y, como es bien sabido, las guerras comienzan de una manera y terminan de otra completamente distinta, por la simple razón de que lo ponen todo a prueba. No cabe duda de que un conflicto como este cambia el mundo.

Si se quiere ampliar la mirada y adoptar una perspectiva histórica, se perfilan cuatro dinámicas en curso, dinámicas que, contrariamente a lo que se augura, carecen de solución inmediata.

La primera es el choque entre Rusia y Ucrania por motivos que afectan a ambos países. Rusia no quiere quedarse a la espera de un giro prorruso en el país. Por tanto, interviene como si estuviéramos en Hungría en 1956 o en Polonia en 1830-1831. El ataque a Kiev recuerda las campañas militares alemanas contra Francia que se lanzaron sobre París en 1870, 1914 y 1940. El objetivo es rediseñar Ucrania al precio que sea. Es probable que, a este respecto, entre un mínimo y un máximo de reivindicaciones de ambas partes implicadas, haya dos o tres escenarios posibles.

Es un enfrentamiento dramático. Tanto por el número de víctimas y de desplazados como por la magnitud de las destrucciones de infraestructuras y de los medios militares empleados; se trata del conflicto más violento en términos absolutos desde la Segunda Guerra Mundial. Nos hallamos en los niveles de 1944-1945. Las huellas que deje esta guerra perdurarán por décadas, durante un siglo al menos. El odio entre ucranianos y rusos tendrá una larga cola, y si se pone la mirada en la historia, es una tragedia en la que, como europeos, perdemos todos.

La segunda dinámica es el choque entre Occidente y Rusia. Se ha pasado del enfrentamiento a distancia, que se inició en 2004, al conflicto puro y duro, en el cual Ucrania viene a representar a la OTAN y a Estados Unidos. Se trata de defender la independencia y la soberanía de un Estado agredido, sin duda. El choque militar se ha extendido a la economía de todos los países indirectamente involucrados con graves consecuencias en el terreno social. La retórica bélica es enajenante. La uniformidad de los medios de información de uno y otro lado impregna también la cultura y salen a la luz actitudes de inimaginable oscurantismo.

La tercera dinámica tiene que ver con Europa en su conjunto y con la Unión Europea en particular. ¿Hacia dónde se encamina? Múltiples son las incógnitas. No se advierte una tregua en la guerra ni en la actitud general de creciente desconfianza respecto de la UE y de Europa en tanto tal. El bloque de los países reunidos en torno a la iniciativa Trimarium, en el que prevalece Polonia, es partidario de una drástica campaña antirrusa. Alemania, Francia e Italia, en cambio, preferirían llegar a una tregua, comenzar un diálogo. Cualquiera sea el curso que siga la guerra, Europa central se ve obligada a asumir el rol de contorno militar y político a modo de falsabraga, como si retrocediéramos cuatro o cinco siglos en la historia.

La cuarta dinámica es la que interpreta este conflicto como un paso hacia un nuevo orden mundial que tiene a un lado a Occidente y al otro lado a los demás, a casi todos los demás, con China a la cabeza. Ya se hablaba de esto en los últimos años, pero ahora es un hecho consumado.

Cuando Niall Ferguson subtituló como «Occidente y el resto» (*The West and the Rest*) su libro *Civilization*, se comentó lo injusto que era despachar «el resto» del mundo como algo subordinado a una historia diseñada por Occidente. Lo real es que en los últimos años el resto, *The Rest*, no parece dispuesto a ser la figura secundaria de un reparto en el que *West* es el protagonista.

La guerra de Ucrania ha dejado claro en qué consiste «el resto». Sorprende el apoyo a Rusia del resto de los BRICS –Brasil, China, India y Sudáfrica–, pese a tratarse de una agresión militar. Es lo que se ha visto en la cumbre (a distancia) de los cinco países del 23 de junio de 2022. En el Nuevo Banco de Desarrollo, promovido por los BRICS, participan también Bangladesh, Emiratos Árabes Unidos, Uruguay y Egipto. Rusia cuenta con el apoyo de varios países de África y de América Latina, mientras que Arabia Saudí, Irán y Argentina también podrían inclinarse a favor de este grupo. En resumen, es un mundo paralelo respecto del G7, que, por casualidad, se reunía en Alemania del 26 al 28 de junio de 2022. No es un mundo multipolar lo que está tomando consistencia, sino más bien una bipolaridad entre Occidente y no Occidente. Esta guerra es precisamente su partida de nacimiento.

He aquí la guerra, el maremagno de noticias, las acciones de Occidente, las sanciones contra Rusia y el giro contra Occidente que está dando la guerra económica, dada la dependencia de Europa respecto de Rusia en materia energética. No es en absoluto paradójico que Occidente, dada su necesidad de los suministros de gas procedentes de Rusia, termine cargando con el coste de la guerra. El caso es que el gas ruso pasa por Alemania y Polonia para llegar a Ucrania, con un coste increíble. El conflicto se ha convertido en un pulso entre el Este, que, según ciertas estimaciones, dispone de recursos energéticos para varios siglos, y Occidente, que no ha pensado en esta cuestión. Asistimos al choque entre la economía puramente financiera y la economía de guerra, la de Rusia, para la que Occidente no se ha preparado.

Es una partida de ajedrez que puede prolongarse mucho tiempo. Una tregua o una paz en la que Occidente tolere la invasión sería el precedente de otras guerras, la inauguración de una fase histórica de acciones unilaterales cuyas consecuencias nadie está en condiciones de evaluar. Rusia puede hundirse, como muchos esperan, pero también Occidente afronta dificultades cada vez mayores y puede entrar en una gravísima crisis sistémica. Perdemos todos. El horizonte es inédito.

Sin duda, lo mismo que en Sarajevo y luego en Serbia en 1914, y al igual que en Polonia en 1939, una vez más ha estallado en el corazón de Europa un conflicto que entraña transformaciones del orden mundial. Es una nueva historia.